纵横四海的大汉印记

茂陵博物馆

主　编　李炳武

本册主编　魏乾涛

西安出版社

图书在版编目（CIP）数据

纵横四海的大汉印记：茂陵博物馆 / 李炳武主编. --
西安：西安出版社, 2018.11（2021.5重印）

ISBN 978-7-5541-3477-1

Ⅰ. ①纵… Ⅱ. ①李… Ⅲ. ①博物馆－历史文物－介
绍－咸阳－汉代 Ⅳ. ①K872.413

中国版本图书馆CIP数据核字（2018）第275743号

纵横四海的大汉印记

茂陵博物馆
ZONGHENGSIHAI DE DAHANYINJI
MAOLING BOWUGUAN

出 版 人：屈炳耀
主　　编：李炳武
本册主编：魏乾涛
策划编辑：李宗保　张正原
项目统筹：张正原
责任编辑：张正原
责任校对：何　岸
责任印制：尹　苗
出版发行：西安出版社
社　　址：西安市长安北路56号
电　　话：（029）85253740
邮政编码：710061

印　　刷：永清县晔盛亚胶印有限公司
开　　本：787mm×1092mm　1/16
印　　张：12
字　　数：113千
版　　次：2018年11月第1版
印　　次：2021年5月第2次印刷
书　　号：ISBN 978-7-5541-3477-1
定　　价：88.00元

赛导游 SAIDAOYOU

www.saidaoyou.com

丝路长安
融合出版

边听边看，实地感受千年文明

Listening while viewing.
Feel the history of civilization over thousands of years

使用流程 / PROCEDURE

手机扫码安装   打开蓝牙耳机   靠近景点或展品   自动接收讲解

🎧 自动感应讲解

📍 智能路线规划

🎙 多种语言选择

📱 周边景点推送

⚙ 安装使用简单

👥 终端部署快速

🔗 后台管理方便

🗺 覆盖范围广阔

指触文化传媒（北京）有限公司

技术服务：010-64893402

全国客服：400-6353-881

阅读文物 拥抱文明

文物所折射出的恒久魅力，已为越来越多的人所认识。今天呈现在读者面前的这部"丝路物语"书系，就是这一魅力的具体体现。

"要让收藏在博物馆里的文物、陈列在广阔大地上的遗产、书写在古籍里的文字都活起来。"党的十八大以来，习近平总书记担负着实现中华民族伟大复兴的历史重任，饱含着对传统文化的深厚感情，让文物活起来始终为其所关注、所思考。让文物活起来，就是深入挖掘文物的内涵，充分发挥文物的作用。中国文物是中华民族的文明印记和精神标识，是全体中国人乃至全人类的珍贵财富；它对于激发人民群众对中华优秀传统文化的了解、认同和热爱，坚定文化自信，汇聚发展力量等作用是不言而喻的。

近年来，一些优秀的文物类书籍、综艺节目、纪录片、文化创意产品等不断涌现，文化遗产元素成为国家外交的桥梁，文物逐渐成为"网红"并受到越来越多年轻人的青睐，这些都充分彰显着"让文物活起来"已逐渐从理念转化为行动，那些在历史长河中积淀下来的文物珍存正在不断走近百姓、融入时代、面向世界。

　　说到文物，不能不把眼光聚焦于丝绸之路。人类社会交往的渴望推动了世界文明间的相互交融和渗透，中华文明与亚、欧、非三大洲的古代文明很早就发生接触，相互影响，相互交流。直到1877年，德国地理学家李希霍芬在他的著作《中国——我的旅行成果》里首次提出了"丝绸之路"一名。近半个世纪以来，随着丝绸之路考古发现和学术研究的不断深入，极大地开阔了人们的视野。特别是"一带一路"倡议的全面推进，丝绸之路研究更成为国际显学。在古代文明交流史上，丝绸之路无疑是极其璀璨的一笔。它承载着千年古史，编织着四方文明。也正因为丝绸之路无与伦比的历史积淀，形成了独特的历史文化遗产，其数量之大、等级之高、类型之丰富、序列之完整、影响之深远，都是世所公认的。神秘悠远的古代城址、波澜壮阔的长城关隘烽燧遗址、精美绝伦的艺术品、气势磅礴的帝王陵墓、灿若星辰的宫观寺庙、瑰丽壮美的石窟寺……数不清道不尽的文物珍宝，足以使任何参观者流连忘返，叹为观止。2014年，"长安—天山廊道的路网"成功跻身《世界文化遗产名录》，使丝绸之路迎来了新的历史机遇，也对广大文化文物工作者提出了新的要求。

　　"让文物说话，把历史智慧告诉人们。"这是习近平总书记的谆谆嘱托。中华文化优雅如斯，如何让文物说话，飞入寻常百姓家，是当下无数文化界人士亟待攻坚的课题，亦是他们光荣的使命。客观来讲，丝绸之路方面的论著硕果累累，但从一般读者角度，特别是从当下文化与旅游结合角度着眼的作品不多，十分需要一套全面系统地介绍丝绸之路文物故事的读物。令人欣喜的是，西安出版社组织策划了这套颇具规模的"丝路物语"书系，并由李炳武先生担任主编，弥补了这一缺憾。李炳武先生曾经长期在文物文化领域工作，也主持过"中华国宝·陕西珍贵文物集成""长安学丛书"和《陕西文物旅游博览》等大型文物类图书的编纂工作，得到了业界的充分肯定；加之丛书的作者都是有专业素养的学者，从而保证了书稿的质量。

如何驾驭丝绸之路这样一个纵贯远古到当今、横贯地中海到华夏大地的话题，对于所有编者来说，都是具有挑战性的。这套书的优点或者说特点，可以概括为以下几个方面：

这套书最大的一个优点，就是大而全。从宏观的视野，用简明的线条，对陆上丝绸之路的博物馆、大遗址进行了全景式梳理，精心遴选主要文物，这些国宝的历史、艺术和科学价值在字里行间一一呈现。

丝绸之路文化遗产类型丰富，作者在文中并没有局限于文物本身的解读，还根据文物的特点做了大量的知识拓展，包括服饰的流变，宗教的传播，马匹的驯化，葡萄等水果的东传，纸张的发明和不断改进，医学的发展，乐器、绘画、雕刻、建筑、织物、陶瓷等视觉艺术的交互影响，等等。其中既有交往的结果，也有战争的推动。总体而言，这些内容是讲述丝绸之路时所不可或缺的内容，使读者透过文物认识了丝绸之路丰富的文化内涵。

值得称道的是，这套书采取探索与普及相结合的方式，图文并茂，力求避免学究气的艰涩笔调，加入故事性、趣味性，使文字更具可读性，达到雅俗共赏的目的。通过图书这一载体，能够使读者静静地品味和欣赏这些文物，传达出对历史的沉思和感悟，完善自己对文物、丝绸之路和文化的认知。读过这套书后，相信读者都会开卷有益，收获多多，文物在我们眼中也将会是另一番面貌。

我们有幸正处于坚持以人民为中心的改革发展伟大时代，每一件文物，都维系着民族的精神，让文物活起来，定会深入人心、蔚为大观。此次李炳武先生请我写序，初颇踌躇，披卷读来，犹如一场旅行，神游历史时空之浩渺无垠，遐思华夏文化之博大精深。兼善天下、感物化人历来是每一个中国知识分子的精神所属，若序言能为一部作品锦上添花，得而为普及民众实现化人起到促进作用，何乐而不为？

是为序。

郑欣淼

2018 年 9 月 6 日于北京

丝路物语话沧桑

2013 年 9 月，中国国家主席习近平访问哈萨克斯坦时，在纳扎尔巴耶夫大学发表演讲，首次提出共同构建"丝绸之路经济带"的宏伟倡议。2014 年 6 月，"长安—天山廊道的路网"成功跻身《世界文化遗产名录》。

丝绸之路是世界上路线最长、影响最大的文化线路。丝绸之路是指起始于古代中国的政治、经济、文化中心——古都长安（今西安）连接亚洲、非洲和欧洲的古代陆上商业贸易路线。它跨越陇山山脉，穿过河西走廊，通过玉门关和阳关，抵达新疆，沿绿洲和帕米尔高原通过中亚、西亚和北非，最终抵达非洲和欧洲，向南延伸到印度次大陆。这条伟大的道路沟通了中国、印度、希腊三大文明，全长一万多公里。它是一条东方与西方之间经济、政治、文化进行交流的主要道路，促进了欧亚大陆不同国家、不同文明之间在商贸、宗教、文化以及民族等方面的交流与融合，为人类社会的共同发展和繁荣做出了卓越贡献。

公元前 138 年，使者张骞受汉武帝派遣从陇西出发，出使月氏。13 年中，他的足迹踏遍天山南北和中亚、西亚各地。在随后的 2000 多年间，无数商贾、旅人沿着张骞的足迹，穿越驼铃叮当的沙漠、炊烟袅袅的草原、飞沙走石的戈壁来往于各国之间，带来了印度、阿拉伯、波斯和欧洲的玻璃、红酒、马匹、宗教、科技和艺术，带走了中国的丝绸、漆器、瓷器和四大发明，举世闻名的丝绸之路渐渐形成。

用"丝绸之路"来形容古代中国与西方的文明交流，最早出自德国著名地理学家李希霍芬 1877 年所著的《中国——我的旅行成果》一书。由于这个命名贴切写实而又富有诗意，很快得到学术界的认可，并风靡世界。

近年来，丝绸之路迎来了新的历史机遇，沿丝绸之路寻访探秘的人络绎不绝。发展丝路经济，研究丝路文明，观赏丝路文物成了新时代的社会热潮。中央文化产业发展专项资金资助项目"丝路物语"书系，便应运而生。在首辑 10 册和读者见面之际，作为长安学研究者、"丝路物语"书系的主编，就该书的选题范围、研究对象、编写特色及意义赘述于下：

"丝路物语"书系，以"丝绸之路：长安——天山廊道的路网"遗产及相关博物馆为选题范围。该遗产项目的线路跨度近 5000 公里，沿线包括了中心城镇遗迹、商贸城市、聚落遗迹、交通遗迹、宗教遗迹和关联遗迹五类代表性遗迹以及沿途丰富的特色地理环境。共计包括三个国家的 33 处遗产点，其中吉尔吉斯斯坦境内 3 处，哈萨克斯坦境内 8 处，中国境内 22 处。属丝绸之路东段的重要组成部分，在丝绸之路交通与交流体系中具有独特的起始地位和突出的代表性。它形成于公元前 2 世纪，兴盛于公元 6 至 14 世纪，沿用至 16 世纪，连接了东亚和中亚大陆上的中原地区、河西走廊、天山南北与七河地区等四个地理区域，分布于今中华人民共和国、哈萨克斯坦共和国和吉尔吉斯斯坦共和国境内。沿线遗迹或壮观巍峨，或鬼斧神工，或华丽精美，见证了欧亚大陆在公元前 2 世纪至公元 16 世纪之间人类文明进步的重要阶段，以及在这段时间内多元文化并存的鲜明特色。

"丝路物语"书系，每册聚焦古丝绸之路上的一座博物馆、一处古遗址或一座石窟寺，力求立体全面地展示丝绸之路上的历史遗存、人文故事和风土人情。这是一套丝绸之路旅游观光的文化指南：从中可观赏到汉代桑蚕基地的鎏金铜蚕，饱览敦煌石窟飞天的婀娜多姿，聆听丝路古道上的声声驼铃。古丝绸之路是人类文明的宝贵遗产，记录着社会的沧桑巨变，这也是一部启封丝路文明的记忆之书。

"丝路物语"书系，以阐释文物为重点。文物是中华民族的精神标识。"要让收藏在博物馆里的文物、陈列在广阔大地上的遗产、书写在古籍里的文字都活起来"（习近平语）。这对于激发人民群众对中华优秀传统文化的了解、认同和热爱，坚定文化自信，汇聚发展力量不可小觑。

文物是不可再生的国之珍宝，从中可折射出人类文明的恒久魅力。对文化的认同感与归属感应当成为一种生活状态。我们从梳理丝绸之路沿线博物馆馆藏文物、石窟寺或大遗址为契机，从文化的立场阐释文物的历史意义，每篇文章涵盖了文物信息的描述、历史背景的介绍、文物价值的分享和知识链接等板块，在聚焦视角上兼顾学术作品的思想层与通俗作品的故事层双重属性，清晰地再现文物从物质性到精神性的深层转变，着力探讨文物作为一种精神力量对历史的思考。用时空线索描绘丝绸之路的卓越风华，为读者梳理丝绸之路的文化影响，以文物揭示历史规律，彰显更深层、更本质的文化自信，激发读者的民族自豪感。"丝路物语"书系以文物为研究对象，从中甄选国宝菁华，讲述它们的前世今生。试图让读者从中感受始皇地下军团的烈烈秦风，惊叹西汉马踏匈奴的雄浑奔放，仰慕大唐《阙楼仪仗图》的盛世恢宏，这是一部积淀文化自信的启智之作。

"丝路物语"书系，以互动可读为特色。在大众传媒多元数字化的背景下，综合运用现代科技的引进更能推动文化传播的演变进入一个崭新的领域，相契于文字的解读，更透出传统文化的深邃意蕴。为多维度营造文化解读的可能性，吸引更多公众喜欢文物、阅读文物，"丝路物语"可谓设计精良，处处体现出反复构思、创新的态度。设计重点关注视觉交流的层面，借助丰富的图像资料和多媒体技术大幅强化传统文化元素可视、可听、可观的直接特征，有效提升文化遗产多维度的观感效果。古人著书立说重字画兼备，"宣物莫大于言，存形莫善于画"，所以由"图书"一词合称。本书系选用了近 600 幅专业文物图片，整体、局部、多角度展示，让读者在阅读文字之余通过精美的图片感受文化的震撼与感动，让读者更好地认知历史、感知经典，体验当代创新之趣。

"丝路物语"书系，以弘扬互利共赢的丝路精神为使命。"丝绸之路：长安—天山廊道的路网"在东亚古老的华夏文明中心和中亚历史悠久的区域性文明中心之间建立起长距离的交通联系，在游牧与定居、东亚与中亚等文明交流中具有重要意义，并见证了古代亚欧大陆人类文明与文化发展的主要脉络及若干重要历史阶段以及突出的多元文化特征，是人类进行长距离交通、商贸、文化、宗教、技术以及民族等方面长期交流与融合的文化线路杰出范例。

2000多年前，我们的先辈筚路蓝缕，穿越草原沙漠，开辟出联通亚欧非的陆上丝绸之路。这不仅是一条通商易货之道，更是一条知识交流之路。沿着古丝绸之路，中国将丝绸、瓷器、漆器、铁器传到西方，也为中国带来了胡椒、亚麻、香料、葡萄、石榴。沿着古丝绸之路，佛教、伊斯兰教及阿拉伯的天文、历法、医药传入中国，中国的四大发明、养蚕技术也由此传向世界。更为重要的是，商品和知识交流带来了观念创新。比如，佛教源自印度，在中国却发扬光大，在东南亚得到传承。儒家文化起源中国，却受到欧洲莱布尼茨、伏尔泰等思想家的推崇。这是交流的魅力，互鉴的成果。这些各国不同的异质文化，犹如新鲜血液注入华夏文化肌体，使脉搏跳动更为雄健有力。古丝绸之路绵亘万里，延续千年，积淀了以和平合作、开放包容、互学互鉴、互利共赢为核心的丝路精神。

新时代、新丝路、新长安。2017年，习近平主席在"'一带一路'国际合作高峰论坛"上指出：古丝绸之路是人类文明的宝贵遗产。为让这些遗产、文物鲜活起来，西安出版社策划出版的"丝路物语"书系，承载着别样的期许与厚望，旨在以丝绸之路的隽永品格对话当代社会的文化建构，以高度的文化自觉唤醒当代社会的文化自信。

我们作为丝绸之路起点长安的文化工作者，更应该饱含对传统文化的深厚感情，自觉担负起实现中华民族伟大复兴的历史重任，充分运用长安学的最新研究成果，为保护、研究和传承人类文明的宝贵遗产尽心尽力，助推"一带一路"伟大事业的蓬勃发展。

精品力作是出版社的立身之本，亦是文化工作者的社会担当。"丝路物语"书系的出版，凝聚着众多写作和编辑人员的思考与汗水。借此，特别感谢郑欣淼部长的热情赐序；感谢策划人、西安出版社社长屈炳耀先生的睿智选题与热情相邀；感谢相关遗址、博物馆领导的支持和富有专业素养的学者和摄影人员的精心创作；更要感谢西安出版社副总编辑李宗保和编辑张正原认真负责、卓有成效的工作。

"丝路物语"书系的出版虽为刍荛之议、管窥之见，但西安出版社聆听时代声音、承担时代使命以及致力于激活文化遗产、传播中国声音的决心定将走向更远的未来。

是为序。

李炳武

2018 年 11 月 18 日于长安阁

目录

茂陵是一座历时53年、每年耗费国家赋税三分之一修建的陵墓，

这里埋葬着开创中国封建王朝第一个发展高峰的汉武帝刘彻，

在这里陪伴他的则是他的爱妃和他的肱骨大臣们，而守卫在他

陵墓周围的是一座时有27.7万人的繁华城邑。拨开历史的烟云，

茂陵静静地坐落在长安城西北，与五陵塬上的其他西汉帝陵遥

遥相望。一个辉煌的时代，一个彪炳史册、震烁中外的时代，

茂陵的主人汉武大帝开拓丝路、抗击匈奴、革故鼎新的赫赫功

业奠定了他在中国历史上的地位，在史册上留下了属于自己的

一页。

汉武帝刘彻

丝绸之路的开拓者

为了使欧亚各国经济联系更加紧密、相互合作更加深入、发展空间更加广阔，2013 年 9 月 7 日，中国国家主席习近平在哈萨克斯坦纳扎尔巴耶夫大学做了重要演讲，提出了共同建设"丝绸之路经济带"的宏伟蓝图。丝绸之路是历史上横贯欧亚大陆的贸易交通线，在历史上促进了欧、亚、非各国与中国的友好往来。丝绸之路的开拓，汉武帝刘彻功不可没。

汉武帝刘彻（前 156—前 87），是汉高祖刘邦的曾孙，汉景帝刘启和孝景王皇后之子，4 岁时为胶东王，7 岁被立为太子，公元前 140 年继承皇位，在位 54 年。汉武帝开创了西汉王朝最鼎盛繁荣的时期，这一时期也是中

● 汉武帝像

国封建王朝第一个发展高峰。他的雄才大略、文治武功，使汉朝成为当时世界上最强大的国家，他也因此成为中国历史上最伟大的皇帝之一。此外，汉武帝是中国第一个使用年号的皇帝，在位期间曾使用的年号有：建元、元光、元朔、元狩、元鼎、元封、太初、天汉、太始、征和、后元。逝后谥"孝武"，葬于茂陵。

《汉书》评叙刘彻"雄才大略"，《谥法》说"威强睿德曰武"，也就是说，威严、坚强、明智、仁德即为"武"。在中国历史书上，"秦皇汉武"经常互相衔接。今天我们看他的历史，不能否认他是一个杰出而特殊的人物，他的功业对中国历史进程和后来西汉王朝的发展影响深远。

汉武帝登基之初，继续父亲生前推行的养生息民政策，进一步削弱诸侯王的势力，颁布大臣主父偃提出的推恩令，以法制来推动诸侯分封诸子为侯，使诸侯的封地不得不自我缩减。同时，他设立刺史，监察地方，加强中央集权，将冶铁、煮盐、酿酒等民间生意统一由中央管理，禁止诸侯国铸造钱币，将财政大权集中于中央。在思想上，汉武帝采纳董仲舒的建议，"罢黜百家，独尊儒术"，为儒学在古代中国的特殊地位铺平了道路。当然，汉武帝时期，汉朝也不曾缺少法治思想。在宣扬儒学的同时，汉武帝也采用各种法规乃至刑法来巩固政府的权威和显示皇权的地位。因此，汉学家认为这更应该是以儒为主以法为辅、内法外儒的一种体制，对广大百姓宣扬儒道以示政府的怀柔，而对政府内部又施以严酷的刑法来约束大臣。

经过文景时期休养生息等一系列发展经济与民生政策之后，西汉王朝的国力已蒸蒸日上。汉武帝在承袭这些政策的同时，积极准备军事力量的发展。继位后，先平定南方闽越国的动乱，后开始着手以军事手段代替带有屈辱性质的和亲政策来彻底解决北方匈奴的威胁，派遣名将卫青、霍去病三次大规模出击匈奴，收回河套地区，夺取河西走廊，将当时汉朝的北部疆域从长城沿线推至阴山甚至更远。

在对匈奴战争的同时，汉武帝采取和平手段和军事手段使西域诸国臣服。在丧失肥沃茂盛的漠南地区以后，匈奴王庭远迁漠北，从此一蹶不振，这就基本解决了自西汉初期以来匈奴对中原的威胁，为后来把西域并入中国版图奠定了基础。汉武帝刘彻，是中国历史上一位具有雄才大略的伟人。建元元年（前140）即位时，年仅16岁。即位不久，从来降的匈奴人口中得知，在敦煌、祁连山一带曾经居住着一个游牧民族大月氏，中国古书上称"禺氏"。秦汉之际，月氏的势力逐渐强大起来，攻占邻国乌孙的土地，同匈奴发生冲突。汉初，多次为匈奴冒顿单于所败，国势日衰。至老上单于时，被匈奴彻底征服。老上单于杀掉月氏国王，还把他的头颅割下来拿去做成酒器。月氏人经过这次国难以后，被迫西迁。在现今新疆西北伊犁一带，赶走原来的"塞人"，重新建立了国家。但他们不忘故土，时刻准备对匈奴复仇，并很想有人相助，共击匈奴。汉武帝根据这一情况，决定联合大月氏，共同夹击匈奴。于是下令选拔人才，出使西域。从当时的形势来看，联合大月氏，沟通西域，在葱岭东西打破匈奴的控制局面，建立起汉朝的威信和影响，确实是孤立和削弱匈奴，配合军事行动，最后彻底战胜匈奴的一个具有战略意义的重大步骤。

　　当汉武帝下达诏令后，满怀抱负的张骞挺身应募，毅然挑起国家和民族的重任，勇敢地走上了征途。从武帝建元三年（前138）出发，至元朔三年（前126）归汉，共历13年。张骞通使西域，使中国的影响直达葱岭以西。自此，不仅现今新疆维吾尔族自治区一带与内地的联系日益加强，而且中国与中亚、西亚以至南欧的直接交往也建立和密切了起来，后人正是沿着张骞的足迹走出了誉满全球的"丝绸之路"。

汉武帝茂陵
规模宏大的帝王陵园

西汉（前206 — 25）

东西9.2公里，南北6.5公里

　　茂陵位于今陕西省兴平市东北塬上，西距兴平城区 12 公里，东距咸阳市区 15 公里。其北面远依九嵕山，南面遥屏终南山，此地原属汉代槐里县的茂乡，故称茂陵。茂陵遗址保护区包括茂陵与茂陵邑，整个陵区东接汉昭帝平陵陵区，西至今兴平市南位镇陈王村，东西 9.2 公里，南北 6.5公里，整个遗址区以汉武帝刘彻墓为中心，向四周辐射，茂陵邑则位于陵园的东北方位。

　　经勘探，汉武帝的帝陵位于茂陵陵园中心位置，帝陵封土的外形为截锥体（覆斗状），现存高度 48.5 米，底部边长 240 米左右，顶部边长 40

● 汉武帝茂陵

米左右。帝陵陵园的四周有园墙，四墙距封土的距离为 80 余米，园墙中部各有阙门，四角有角楼。同时，新发现包括陵庙、寝殿等在内的大小建筑遗址 14 处，陵园内外有外藏坑 400 座，比秦始皇陵外藏坑数量还要多。

据考古钻探得知，茂陵有大、中型陪葬墓 120 余座，至今尚存封土的墓葬有 20 余座，其中帝陵西北 500 米处有宠妃李夫人墓，又称英陵，是汉武帝同茔异穴合葬墓，其状如磨盘，当地人俗称"磨子陵"。东面有大将军卫青、霍去病和名臣金日磾、霍光等陪葬墓，其中以霍去病墓最为著名。除李夫人墓在茂陵西北外，其余陪葬墓均在茂陵以东。卫青墓位于汉武帝陵封土东北 1 公里处，"起冢像卢山（阴山）"。卫青与外甥霍去病并称大汉王朝的"帝国双璧"。霍光是霍去病同父异母弟，以帝礼陪葬于茂陵东侧。金日磾是匈奴休屠王太子。他本是霍去病攻打祁连山时的俘虏，到长安后，被送进皇帝禁门养马。他谨慎职守，养马出色。武帝认为日磾笃厚有才能，拜为马监，晋升驸马都尉、光禄大夫，侍奉左右。后元二年（前 87）二月，武帝病重，遗诏封日磾为秺侯，陪葬茂陵。

茂陵是汉兴厚葬的典型代表，它的规模远远超过了西汉其他帝陵。据《关中记》载："汉诸陵皆高十二丈，方一百二十丈，惟茂陵高十四丈，方一百四十丈。"茂陵陵园平面呈方形，东西城垣 431 米，南北城垣 435 米，墙基宽 5.8 米，与《关中记》所载"茂陵周回三里"基本相符。茂陵陵园有内、外城之分，当年的茂陵除了金字塔状的大型封土之外，周围还有陵阙、殿阁、房舍等，整个陵区方圆可达数十平方公里，而今茂陵封土周围仅存夯土遗迹，陵园四面中央各辟一门，门外置阙，每对间距为 12 米至 16 米。1975年，考古人员在陵墓四周发掘出大量西汉时期的建筑材料，其中有白虎纹、玄武纹空心砖、青玉铺首和琉璃璧等，还出土一块刻有 12 字的完整瓦当。经考古学家分析判断，发现建筑材料之处就是当年的寝殿和便殿所在地。茂陵东南 350 米处有白鹤馆遗址，是供汉武帝灵魂游乐之地，属于寝殿的附属建筑物。在陵园的东南还建有汉武帝的陵庙龙渊宫。

茂陵地宫迄今尚未发掘。尽管如此，有关茂陵的考古调查和勘探工作却一直是国家"大遗址保护规划·西汉帝陵保护项目"的重要组成部分。

1990 年，考古工作者在茂陵附近发现了造型精美绝伦的彩绘裸体陶俑和排列有序的大型动物丛葬坑；2006 年，陕西省考古研究院对茂陵进行了大规模的调查和勘探，基本证实茂陵有内外两重垣墙，其东、南、西、北侧各有一条墓道，为"亞"字形墓，是中国古代规格最高的一种墓葬类型。在陵园内外发现外藏坑 400 座（其中内城以内 150 座），确定了茂陵邑的位置和范围，探明大中型陪葬墓 120 余座；2008 年，考古工作者对茂陵陵园西南侧的 2 号遗址进行了发掘，在 200 多平方米的范围内发现了水渠 3 条、池沼遗迹 1 处，出土建筑材料、陶器、钱币等遗物 50 余件。尤其值得一提的是，这一遗址内池沼众多，各池沼之间有水渠相连，池沼和水渠的填土中包含大量汉代板瓦、筒瓦残片、瓦当、铺地方砖残块等建筑材料，应该说 2 号遗址是茂陵陵园内一处园林建筑遗址，它是西汉帝陵首次所发现的园林建筑遗址，对深入研究西汉帝陵陵园结构和中国古代陵寝制度发展变迁史具有重要参考价值。

茂陵陵园地面遗存十分丰富，这里不仅有完整的陪葬墓群，还有陵阙、白鹤馆、集仙台等大量建筑基址，对研究西汉帝陵布局和帝王葬仪制度皆具有重要价值。近年来，在茂陵陵区发现的错金银云纹铜犀尊、错金铜弩机、琉璃璧、四神纹玉雕铺首、四神纹空心砖、彩绘裸体陶俑、宦官俑、文字瓦当等汉代珍贵文物对研究西汉历史和审美、道德观念提供了重要的实物资料。尤其茂陵 1 号陪葬墓 1 号从葬坑所出土的鎏金马、鎏金银竹节熏炉、熨斗等 236 件冶铸精美、式样新颖、制作年代及使用者身份十分明确的汉

● 卫青墓

● 霍去病墓

代青铜器（其中 18 件镌刻铭文）对研究西汉青铜冶铸工艺、官营手工业、度量衡制度以及器物定名皆具有重要价值，同时也为判断一号坑所属时代和确定一号陪葬墓墓主身份提供了重要依据。

　　茂陵邑位于茂陵陵园以东司马道北侧，与陪葬墓一起组成了陵园一个不可或缺的组成部分。它距现在以霍去病墓为载体的茂陵博物馆不足百米，其平面为西南—东北向的长方形，四面以围沟为界，未发现垣墙迹象，面积约 28 万平方米。茂陵邑的这种布局，突出体现了陵园的宏大布局、帝陵的独尊地位和开放的风格。这种将陵邑镶嵌于陪葬墓中和没有城墙的做法在历史上可谓独此一例。陵邑内交通纵横，发现有数十个里坊，其中东南部为烧陶作坊区。考古人员重点对中南部进行了勘探，发现多处居民住宅遗址，周围还散落建筑遗物。茂陵邑位于茂陵陵园东北，南邻东司马道，距茂陵陵园东墙约 370 米。在其四周没有发现垣墙遗迹，是以壕沟为界，壕沟宽 2 — 5 米、深 2.5 — 3.2 米。茂陵邑内道路纵横，主要的"三横七纵"道路将整个茂陵邑分割成大约 30 个矩形空间。汉武帝建置茂陵后，曾三次徙民于茂陵邑，所徙居民为全国各地的豪杰、官吏和家产 300 万以上的家族。经过徙民，茂陵邑有人口 6.1 万多户，27.7 万多人，按照《汉书·地理志》的统计，当时茂陵邑的人口比首都长安还要多 31000 余人。

霍去病墓石雕群

丰碑式的杰作

西汉（前 206 — 25）

霍去病墓遗存

霍去病墓石雕群是指遗留在霍去病墓旁的"马踏匈奴"等汉代大型群组石雕造像，目前已发现17件，除了"马踏匈奴"之外，还有"跃马""卧马""怪兽食羊""人与熊""伏虎""卧牛""卧象""野猪""石蟾""石蛙""石人""石鱼"2件"左司空"2件、"平原乐陵"题记石1件。

霍去病（前140-前117）是西汉武帝时期抗击匈奴侵扰的名将，被武帝封为冠军侯。他在短短的六年戎马生涯中，六次出击匈奴，基本上解除了匈奴对汉朝的军事威胁，为保卫西汉王朝做出了巨大贡献。这位青年

● 石人

● 人与熊

● 石蛙

● 石蟾

将军于元狩六年（前 117）病逝，年仅 24 岁。汉武帝特地在茂陵东面不远处，为霍去病修建了一座形似祁连山的大冢，用以纪念元狩二年霍去病在河西战役中取得的关键性胜利，并令中府工匠雕刻了巨型石人石兽散置于墓前和墓上以表彰他的功勋，这就是霍去病石雕造像的来由。除了 17 件大型石雕造像外，墓上还有更多的岩块是未加雕凿的原石。这些竖石有的安放于墓前，有的丛立于封土之上，石雕、竖石、墓冢、草木共同组成了一个艺术综合体。这种独具匠心的设计，既有天然的背景，又有人工的雕凿，分散的作品和人化的自然烘托了主体雕刻"马踏匈奴"，从而构成了一个完整的有机群体。

● 野猪

● 卧马

● 卧牛

● 卧象

● 怪兽吃羊

霍去病墓石雕充分利用了山石的自然形态，依石拟形，稍加雕凿求之神似，种类繁多，形象古拙，手法简练，风格浑厚，其种类和布置方式，有别于后世诸帝陵神道前的石像。

这些石雕采用了线雕、圆雕和浮雕相结合的手法，按照石材原有的形状、特质，顺其自然，以关键部位细雕、其他部位略雕的浪漫主义写意手法，突出对象的神态和动感，给我们留下了一组年代最早、数量最多、风格粗犷古朴、气势豪放的陵墓石雕艺术珍品。这些石雕从形式到内容构成了一个具有内在联系的整体，其中"马踏匈奴"为主题雕像，其余则围绕这一主题，与墓葬所象征的环境结合起来做全面性的烘托，或展现山野川林的荒蛮艰苦，或体现战斗的激烈残酷，或表现西汉军旅的英勇矫健。石雕大多散置于封土之上，远望如山石，近看神态十足，是中国现存时代最早、保存最完整的一批石雕艺术精品。

"马踏匈奴"石刻是霍去病墓石刻群中最引人注目的汉代大型雕刻艺术杰作，艺术地概括了霍去病一生抗击匈奴的丰功伟绩，它凝重、庄严、蕴

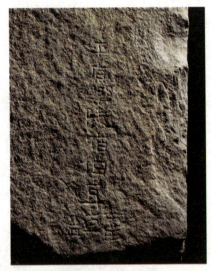

● "霍巨益"题记石

● "霍巨益"题记石

● 石鱼

● 石鱼

● 左司空

● 左司空

含着高昂饱满的刚毅气概，以卓然屹立的神情意态散放出强劲的艺术感染力。"跃马石刻"动感十足，具有一种雄壮之美。它表现了闻惊而动，将要奔腾但尚未完全跃起的霎时间瞬息动作姿态。由静而动，如箭在弦上，发则风驰电掣，势不可挡的冲劲，正是骏马雄烈气概的最佳艺术表现。跃马石刻最精彩生动的部分是马的颈项，弧度与筋肉紧绷的质感，似乎在调动全身的气力，昂扬摆拔，突出了整体之动势。由项到背，由背到后肢，把尚在贴地的后蹄表现得富于弹性，积蓄着一蹬即腾的爆发猛势。唐人白居易说"背如龙兮颈如象，骨竦筋高肌肉壮，日行万里速如飞"正好道出了这件石马造型的特点。它雄健有力，精神饱满，又显得机敏灵活，这样的石马出现在霍去病墓上更能使人联想到青年将领的果敢剽悍和它那威猛的英姿。"伏虎"石刻则利用一块不规则的表面起伏不定的石料，把凶猛桀骜的"虎"性表现得淋漓尽致。虎头、颈与胸连在一起，似为积蓄力量，一蹴而发。虎尾倒卷于背上，虎身斑纹不雕而现，异常生动。这组石雕都是用一块整石采用线雕、圆雕和浮雕的手法雕刻而成，材料选择和雕刻手法与形体配合，有的注重形态，有的突出神情，形神兼备。猛兽则表现其

● 跃马

● 伏虎

● 马踏匈奴

凶猛的气势，马则表现为注目前方，牛、羊则表现温驯，神态各异。鲁迅先生曾评价说，霍去病墓博大、恢宏，其上的石雕沉静、敦厚、体量巨大，正如墓主人霍去病一样颇具英雄肃穆、大气、排山倒海的气势。从简约而扩张、粗犷而传神的雕塑中，我们领略到了汉人的英雄精神和作为一个泱泱大国子民的自信和骄傲的姿态，看到了汉代雄浑大气、浪漫包容的独特审美追求和时代精神。

「马踏匈奴」石刻

霍去病墓石雕的杰出代表

西汉（前206 — 25）

高168厘米，长190厘米

霍去病墓遗存

　　"马踏匈奴"石刻采用中粗粒黑云母花岗岩雕琢而成，历来被公认为霍去病墓石刻群中的主体雕刻，是一件有代表性的纪念碑式的杰作。它凝重、庄严、蕴含着高昂饱满的刚毅气概，以卓然屹立的神情意态散放出强劲的艺术感染力。这匹战马形象被赋予百折不挠、坚定不移、威武有力的人格象征，透过造型的表达，它向人们传递着两千多年前汉军严阵以待、维护安定和无坚不摧的军容信息，使观者感到振奋、壮美，仿佛是对年轻将领之气魄的写照，被视为具有纪念意义的一件代表作。马下仰卧的人像，

也雕刻得生动逼真，刻画了被制降者一副无可奈何的样子，其面部表情细致入微，毛发森森，走刀犀利流畅，仍是汉代石刻浑宏奔放的风格，线条疏朗而概括力极强。从整体来看，战马雄壮稳实，人像则刻的浮躁猥琐，作品之上下两部分动静对比鲜明，卧人手握弓箭，做挣扎状，却显得干瘪无力。作品表现了被制降者倒而未宁的帖服前之一刹间状态，就特别具有耐人寻味的艺术含蓄力。

雕塑中，作者运用了寓意的手法，用一匹气宇轩昂、傲然屹立的战马来象征这位年轻的将军。它高大、雄健，以胜利者的姿态伫立着，有一种神圣不可侵犯的气势；艺术家的动静结合，形象地表现了汉帝国的强盛。

● 马踏匈奴

艺术家用一人一马，高度地概括了霍去病戎马征战的丰功伟绩。战马剽悍、雄壮、镇定自如，巍然挺立。与之对比的是，昔日穷凶极恶的匈奴此时蜷缩在马腹之下，虽已狼狈不堪，仍然凶相毕露，企图垂死挣扎。作品通过简要、准确地雕琢，尤其是在马的腿、股、头和颈部凿刻了较深的阴线，使勇敢而忠实的战马跃然而出，又好像纪念碑一般持重圆浑。

　　"马踏匈奴"石刻在造型手法上作者巧妙运用了"循石造型"的手法，采用圆雕、浮雕、线刻等雕刻技法，在关键处施以斧凿，去粗取精，删繁求简，因石得形，顺势雕凿，造型气势磅礴，古朴而雄浑，充分利用石料的自然形态，以简练的线条造型呈现出浑然天成的雄伟气势。

　　"马踏匈奴"石刻将汉匈大战如此厚重而深沉的历史事件与其反侵掠精神浓缩成一座纪念雕塑，将审美与历史事件相结合，着重描述表现整段相关历史事件的内在精神和意志，形成了西汉时期独特而富有内在精神魅力的艺术雕刻风格，打破了汉代以前的雕刻模式，建立了中国陵墓纪念碑一种新的表述方式，在我国美术史和雕塑史上有着十分重要的历史地位，具有划时代的意义。

"马踏匈奴"石刻，不仅蕴藏着极高的历史价值，并且富有强烈的艺术感染力，它是在借石拟形的法则下，体现出刚劲、质朴、粗犷、有力的典型艺术美。这和唐朝的精雕细刻形成很显明的对照，并对后世石雕艺术的发展产生了深远影响，如唐代的"昭陵六骏""乾陵翼马"和十六国时期的"大夏石马"等，从形象上都可以看出他们效法的痕迹。它是中国古代雕塑艺术发展史上的一座里程碑，对后世陵墓雕刻的艺术风格产生了极其深远的影响，是汉代以后中国古代大型纪念碑雕刻的典范。

据说，石刻"马踏匈奴"取材于当时一则神奇的传说：汉武帝时，匈奴侵略者不断对汉朝的疆土和老百姓进行骚扰，汉武帝便派他的外甥霍去病带兵抗击，临行时赐给他一匹与众不同的战马。这匹战马身高一丈，胸阔三尺，红鬃铁蹄，十分威武。它日行千里，夜走八百，叫起来啸声震天，跑起来四蹄生风，一般人不敢接近它。这马本是天国一匹神马，玉帝专门派它下凡帮助霍去病建树功勋。这匹马随霍去病出征之后，走南闯北东杀西战，立下了汗马功劳。一次霍去病单骑遇到两千名匈奴兵，神马立刻扬起碗口大的铁蹄，直向敌军踏去。它横冲直撞所向无敌，踏死了匈奴一大片兵卒，驮着霍去病从枪林箭雨中飞奔回来。后来，经过三年的征战，匈奴被打败了，霍去病骑着神马凯旋。眼看离京城只有几十里了，神马却由于劳累过度，蹄子再也不能抬起，就卧倒了。霍去病见战马突然卧地，十分着急，他双手搂住马头，想把神马扶起来。这时，只见怀中的马摇了摇头，流出两行眼泪，竟开口说道："我本是天上的一匹战马，从天国来的时候，玉帝要我协助你征战沙场，如今匈奴已败，我也该回去了……"说罢，就又倒了下去。霍去病很是伤心，想起多次身临险境，都是神马帮他逢凶化吉。现在它要去了，就不由得泪水长流，紧抱着马头不放。神马又说："将军快走，皇上正等着你的佳音！"说完就断了气。神马一死，天空忽然刮来一阵旋风，顿时飞沙走石，天昏地暗，吹得人睁不开眼睛。过了一会儿，风沙平静，只见大片大片的尘土沙粒在身边堆起一座十来丈高、一里见方的大土冢，把神马的尸体埋了。后来，西汉名将、官至大司马、骠骑将军的霍去病死后就埋葬在了茂陵，人们在他墓前雕刻石刻的时候，就按照这一传说雕成了保存到今天的"马踏匈奴"，用以纪念骠骑将军霍去病和神马的丰功伟绩。时间长了，人们却把风沙埋葬神马的"马冢"误传成了"马庄"。如今在咸阳北塬上，有两个地方依然还都流传着这桩神奇的传说故事，一个是离霍去病墓东50多里的泾阳县东南方向的马庄村，另一个是离霍去病墓东仅十几里路的咸阳市秦都区正北方向的马庄镇。

鎏金银竹节铜熏炉

身世非凡的博山香炉

西汉（前 206 — 25）

高58厘米，口径9厘米，底径13.3厘米
1981年陕西省兴平县茂陵一号无名冢从葬坑出土
现藏于陕西历史博物馆

鎏金银竹节铜熏炉，青铜铸造，通体鎏金，局部鎏银，整体呈高柄竹节豆形。熏炉底座作圈足形，底座上透雕两条蟠龙，翘首张口，竹节形柄从龙口出。龙身满饰鎏金细纹鳞甲，而眼、须、爪则鎏银。炉柄分五节，节上刻竹叶枝杈。炉柄上端又铸出三条蟠龙，龙头承托炉盘，龙身鎏金，爪鎏银。半球型炉盘的口沿和腹部各有一圈鎏银宽带纹，两条鎏银宽带纹之间的炉盘上腹部浮雕四条金龙，龙首回望，龙身从波涛中腾出；炉盘下腹部有十组三角形，三角形之间雕饰蟠龙纹，龙身鎏金，底色鎏银。炉盖透雕多层山峦，并以金银勾勒，宛如一幅秀丽的山景。炉盖口沿外侧刻铭文一周共35字："内者未央尚卧，金黄涂竹节薰卢一具，并重十斤十二两，

鎏金银竹节铜熏炉

四年内官造，五年十月输，第初三。"底座圈足外也刻铭文一周共 33 字：
"内者未央尚卧，金黄涂竹节薰卢一具，并重十一斤，四年寺工造，五年
十月输，第初四。"

　　熏炉，也称香炉，是熏香的器具。我国自古就有熏香的习俗，古人熏
香主要是为了驱逐蚊蝇虫害、祛除生活环境中的污秽浊气、净化室内空气、
熏衣被、祭神灵等。用熏炉在室内熏香的习俗至迟在战国时代就已出现，到
汉代时开始广泛流行；而这种熏香风尚在汉代的盛行，则得益于汉武帝时期
开疆拓土，文化交流频繁，域外用香习俗的影响，特别是域外香料的传入。

　　不管是从史书记载还是考古发现看，我国古代所燃之香为草本植物，因
用于熏烧取其香而得名熏草。而熏草，其实就是蕙草，也即茅香。茅香不太
难得，但香气却并不甚浓郁。之后，首先是龙脑香从南海输入我国。《史记·货
殖列传》："番禺（今广州）亦其一都会也。珠玑、犀、瑇瑁、果布之凑。"
果布为马来语，即龙脑。从龙脑树脂中取得的白色结晶，又名冰片，香味
浓郁。龙脑树生长在自赤道至北纬 5 度的地区，如苏里曼岛、马来半岛、
苏门答腊等地近海的密林中。由此看来，龙脑香于西汉时在广州已非罕见
之物了。汉通西域后，还从陆路自西方输入了苏合香。所谓苏合香，实际
上是小亚细亚、叙利亚等地所产的一种金缕梅科植物的树脂。

　　随着所用香料的不同，熏炉的形状也开始发生变化。以熏草熏香时，
由于茅香是草本植物，干燥后本身就是可燃物；而龙脑、苏合等为树脂
类香料，则需置于其他燃料上熏烧，使之徐徐发烟，扩散香味。因此，

熏炉的炉体则要做得深一些，以便在下部放炭火，在炭火之上置放香料。同时，将炉盖增高，在盖上镂出稀疏的小孔，透过小孔的气流挟带熏炉上层的香烟飘散；而较深炉腹下部的炭火层由于通风不畅，只保持着缓慢的阴燃状态。大多数炉身和炉盖构造多保持此类特征的博山炉，在西汉中期以后的迅速兴起和广为流行，正是与域外传来的这种树脂类香料的使用息息相关的。

所谓博山炉，就是器盖呈博山形的熏炉。汉代虽流行博山炉，但却无专门的"博山炉"之名。"博山炉"之名初见于汉刘歆的《西京杂记》，后来在南北朝的诗赋文学作品中开始流行。关于熏炉的炉盖为什么会做成博山形，一般认为与秦汉时期的神仙崇拜思想有关，"博山"象征的就是仙山。用博山形器物，不仅表现了当时人们长生和求仙的渴望，也表现了在死后欲借助山岳通往天界的愿望。关于博山炉的来源，一般认为由战国时期流行的豆形熏炉演变而来。但也有学者认为，博山炉的原型有可能来自于西亚并经由西伯利亚传入我国，只是在传入的过程中，原型中的圆锥形炉盖被汉代人表现为山峦，其意义也随着其形状的变化，完全地本土化了。

目前发现的博山炉大致分为两种类型：一种器身较低，比较适合席地而坐时置于席边床前。目前所见绝大多数都属于这种，最有代表性的就是河北中山靖王刘胜墓及其妻窦绾墓中所出的两件博山炉。另一种类型器身较高，推测可能与较高的床、帐配合使用。目前这种较高器型的博山炉发现得还比较少，像鎏金银竹节铜熏炉这样具有又细又高炉柄的博山炉更是

● 鎏金银竹节铜熏炉（局部）

少之又少，其与众不同的特征，使得其与域外文化的渊源关系更显紧密。

鎏金银竹节铜熏炉上的铭文还为后世的我们提供了丰富的信息，昭示了其不同一般的非凡身世。铭文第一句中的"内者"，是汉代宫廷内的官职，为少府属官，主管宫中日常生活，特别是掌管布置宫中帷帐及义务的宫官；"未央"指未央宫；"尚卧"指宫中主管寝卧之事的人，与其他各"尚"皆隶属于"内者"。由此证明此器物是西汉皇家未央宫所有之物。第二句的"金黄涂"就是鎏金工艺，它起源于战国时代，汉代称"金黄涂"或"涂金黄"，唐代称"镀金"，而"鎏金"一词最早见于北宋。第三句的"并重"指炉体和炉盖合并总重；按汉制每斤约合现在大约250克换算，炉盖所记重量为2692克，炉座所记重量为2750克。第四句盖铭为"四年内官造"，座铭为"四年寺工造"，其中"四年"因无年号，还无法确定具体是哪一年。而"内官"和"寺工"，是两个不同的制作机构，且都有主造器物的职能。第五句的"五年十月输"中的"五年"，也暂不能确定具体是哪一年；"输"即"输送，送来"。在封建社会，上予下谓之"赏"或"赐"，下予上谓之"贡"或"输"。因此，结合上句可知，"内官、寺工"在"四年"造好了熏炉，然后于"五年十月"将之输送到未央宫。第六句盖铭为"第初三"，座铭为"第初四"，均为器物编号。但为什么一件器物会有两个不同的编号？另外，炉盖和炉座为什么所记重量不同、制作的机构也不同呢？有专家推测，鎏金银竹节铜熏炉本应是成对之物，应该有两件，但在使用过程中放置香料或清理香灰时，因疏漏误配了器盖，才导致了上述情况的发生。

　　鎏金银竹节铜熏炉1981年出土于陕西省兴平县茂陵一号无名冢从葬坑，根据同出的其他器物上的铭文得知，所出的器物包括这件鎏金银竹节铜熏炉，均属于汉武帝的姐姐阳信长公主和其丈夫——在历史上赫赫有名的大将军——卫青所有；同时，根据阳信长公主和卫青的生卒时间，可知铭文中所说的"四年"，即建元四年，也即公元前137年。这件在建元四年制作，并于建元五年专供未央宫之物，为什么会被阳信长公主和卫青所有？一般认为应该是汉武帝后来赏赐给他们的。

　　域外输入的香料，甚至域外的熏香器具，都对汉代熏香习俗的盛行和熏香器具的样式产生了极大影响，而博山炉的产生和流行则是这种外来文化影响下的中国化产物，它将本土化的思想观念巧妙地融合在改造后的器形和外来香料的气味中，在日常生活中不断地浸润着人们的心田和灵魂，而这件造型独特、身世不凡的鎏金银竹节铜熏炉，正是一件最好的明证。

『人与熊』石刻

人与兽的较量

西汉（前206—25）

高277厘米，宽172厘米

霍去病墓遗存

　　这是一件浪漫主义色彩浓厚的作品，以人与熊格斗为题材，采用对比手法表现了一场惊心动魄的画面。石人体形粗壮，高额深目，隆鼻大嘴，牙齿外露，耸起双肩，用一双巨大的手，用力紧抱住一只熊，熊则狠咬此人的下唇，做不甘示弱状，斗得难解难分。石人被咬的表情，由裂开的大嘴为表现，显得有声有色。这件石刻熊的体形比例较为严谨，但却极度夸张了人的手，人与熊的身体比例产生了强烈反差。由于过分地局部夸张、紧张而激烈的气氛里颇带幽默情调。循石造型、因材施艺、以意传神以及运动和力量的造型风格被全部浓缩到了"人与熊"石刻上，它雕刻的虽是人与熊相搏过程中的一个具体动作，但看上去却是一场僵持了很久的战斗，

此种化静为动的造型富有强烈的音乐节奏感，堪称霍去病墓石雕的代表作。

"人与熊"石刻的造型艺术同霍去病墓其他的石刻造型艺术一样，继承了秦汉以来的表现手法，从大处着眼，循石造型，使其神态毕肖，生动异常，保持石材原有的体积感，不做镂空的处理，充分运用线刻、浮雕和圆雕相结合的处理手法，同时也遵循了中国传统绘画里面的审美理念，从共同"母体"里面脱生出来，向着民族艺术精神深层次里走去。这是作者在观察玩味每件石料的自然形态的基础上，审石度形，主要以简要明快的线刻和浮雕技法，局部结合圆雕刀法，因材施艺，使作品具有抽象、夸张的艺术韵味。

"人与熊"石刻造型饱满坚实，力量含蓄，石雕以简练、夸张的艺术语言，展示了一种雄伟博大的气魄。雕刻者为突出祁连山原始风貌和表现人的自发主动性，以人与熊搏斗的形象突出这一主题，揭示了极其重要的意义。在象征寓意上，"人"只不过是一种形容，其实所表现的不是人，是艺术家以他超人的气魄和智慧，站在了人类自信主宰一切的认识高度，去颂扬人的力量、人的气概，人可以战胜一切的意义和价值。在那残酷撕剥的较量中，"人与熊"的创作是狂野的，而狂野的背后，人的勇敢、顽强、意志，占据着上风。当然，这里也不排除作品是对霍去病勇于战胜强匈的寓意和象征。总之，在人与兽的较量中，人是胜利者，并充满自信。

汉武帝时代是西汉国力最强盛时期，反映在艺术造型上，就必然地表现出与时代相一致的雄厚、磅礴、雄兵独武的气魄与风格，在上林苑上演的人与熊相搏的故事被艺术的运用到霍去病墓"人与熊"石刻上。在纪念霍去病的"祁连山"上，茹毛饮血、生吞猪羊的野人用其粗大的双手，抱噬着野熊，石雕的轮廓线条浑朴、自然、生动，凝练到了极致。块面与线条无一处多余的语言，利用原石的高低起伏看是随意稍稍雕琢，野人的神态面貌却被刻画得形神尽致。被赋予了生命的巨石显示了汉帝国蒸蒸日上阶段雄视天下的内在力量和时代精神，"人与熊"石刻风格粗犷而灵动，为后世在造型形式意向表现上起了重要的开拓作用。

人与熊斗，在西汉时是长安的一种风尚，汉宫中有射熊馆一处。据《汉书》记载，汉武帝自己就亲自"手格熊"，足见斗熊活动之广为普及。熊在古代被看成是力量的象征。汉武帝登基不久，正当年轻力壮，非常喜欢游猎，他的主要目的是借以训练他的近卫军果敢勇猛的品质。当时他为了摆脱窦婴、田蚡等豪门贵戚对朝廷的牵制，巩固朝廷对诸侯的权力，专门在陇西良家子弟中挑选了一批勇武的青年到军中，而且常约集一些人和他微服外出行猎。这种出行不露皇帝身份，也不打朝廷旗号，而是借平阳府或其他身份的名目。每次出行均约在宫门外会齐，称为"期门郎"。汉武帝每次与"期门郎"出行打猎的范围很广，东至长杨宫一带，西到黄山宫一带，南到秦岭北麓，北到池阳宫，一出去就是好几天。

有一次，汉武帝带了一帮人，在平阳公主府里借了马，领着卫青等人一同去秦岭脚下清凉山下打猎。这座清凉山的西面有涝峪、阁峪等山谷，东面有高冠峪、紫阁峪等山谷，橡树和柞树又茂又密，所以猿猴和狗熊特别多。当他们来到清凉山的时候，突然遇到一头硕大无比的黑熊。走是来不及了，卫青自告奋勇请缨去射杀这头黑熊，结果一箭未致命。黑熊猛地扑向他们，情急之下，武帝跃下骏马迎面与黑熊展开了搏斗。而此时卫青等人都惊呆了，竟然忘记上去帮助武帝，于是武帝只好孤军奋战。他面无惧色，凭借自己的力量与这头黑熊对抗，与熊的搏斗到天黑才结束，后来在卫青等人的帮助下，才将黑熊活捉。

其他有关斗熊的记载和传说也有很多。汉元帝时期，一次元帝和嫔妃们观看斗兽，忽然一只熊跑出圈，攀着栏杆想上殿，妃子们吓得四散逃走，只有冯婕好挺身上前阻挡，正在这紧要关头，左右站立的军士迅速跑上前来杀死了熊。元帝问：大家都害怕地纷纷逃走，你为什么还要去挺身阻挡？冯婕好回答说：野兽猎到人后就会停止前进，我怕它伤到陛下，所以挺身阻挡。元帝听了，嗟叹不已，倍加敬重。由于冯媛挡熊救驾，被加封为昭仪。

其实，人与兽斗在我国古代社会早已有之。据史料记载，我国奴隶制时代的勇士力搏猛兽，是作为贵族畋猎时的主要表演项目。然而大规模广设兽圈，并使之成为人与困兽相斗竞技场的，是在西汉时期。据记载，汉武帝刘彻在建章宫西南建有虎圈、狮圈等，上林苑中设麑圈、射熊馆等。那里饲养着各种各样的野兽。为了供皇帝射猎，封建统治者们不仅使人与兽搏斗，也常常使兽与兽相斗。斗兽士由犯有过失的朝臣或战争俘虏来充当。史书上说："上幸虎圈斗兽，后宫皆坐"。可见观看斗兽已成为当时宫廷风行的娱乐活动。

鎏金铜马

天马来兮从西极

西汉（前 206 — 25）

高62厘米，长76厘米
1981年汉武帝茂陵1号陪葬墓1号从藏坑出土

　　鎏金铜马呈端详的站立姿态，昂首翘尾，四腿直立，体态矫健。头部造型尤为生动，马嘴微张，牙齿外露，鼻孔硕大，双眼圆睁，两耳上竖，耳间、颈上刻有鬃毛。肌肉和骨骼的雕刻合乎解剖比例。马体匀称合度，马尾和生殖器是另铸铆接或焊接的，肛门处有一小通气孔，造型朴实稳重，其形制写实程度超过了同期古希腊、古罗马作品，堪称"骏马"。其身中空，静中含动，气度非凡，有一发千里之势。专家们根据马头双耳之间有剪成三棱形的角这一显著特征，断定它是依据原产西域大宛的汗血马（又称天马）为原型精制而成。

"金马"，在古代文学史料中并不陌生，如"石渠金马""金马碧鸡""金马门"等，而此前并未找到真正的样品。茂陵鎏金马的发现，让今人大开眼界，始信传载不误，它是我国迄今发现的鎏金器物中形体最大、保存最完好、冶铸工艺水平也较高的文物珍品。确切地说，这件"金马"并非用纯金制成，而是铜铸表层鎏金。鎏金是自先秦时代即产生的传统金属装饰工艺，先后称为黄金涂、金黄涂、金涂、涂金、镀金，宋代始称鎏金。其制作方法是将黄金锻成金箔剪成碎片，放入坩埚内加热，然后以1:7的比例加入汞制成银白色泥膏状的金汞剂（俗称为金泥），涂在金属器物表面，经加热使水银蒸发，金就牢固地附着于器物的表面，最后使用玛瑙工具磨压抛光。关于金汞剂的记载，最初见于东汉炼丹家魏伯阳的《周易参同契》，而关于鎏金技术的记载，最早见于梁代，《本草纲目·水银条》引梁代陶弘景的话说：水银"能消化金银使成泥，人以镀物是也"。

鎏金铜马，从造型艺术角度看，它精美绝伦，无故做张扬奋驰的样子，显得那么沉静、自然，却又蕴含着阳刚之美，有一种内在的动静相宜的韵味，华丽雍容，不愧为稀世珍宝。它不仅展现了我国西汉前期高度发达的冶金、铸造技术和艺术家的卓越才华，而且为研究汉代马的体型、来源提供了新的例证。金马体型匀称而轻秀，长毛稀疏，耳壳薄而高耸，头部轮廓清晰，颈部和前胸肌沟深陷，四肢筋腱明显，是典型的西汉时代的大宛马（即天马）的再现。茂陵鎏金马原型，正是"丝绸之路"开通后，从大

● 鎏金铜马

● 鎏金铜马（正面）

宛运来长安，饲养在上林苑或御厩内的大宛天马。

据史书记载，汉武帝为了适应对匈奴作战的需要，决心从大宛引进良马，为此，他让工匠铸出一匹金马，派使者送给大宛国王，希望换取汗血宝马的种马，却被大宛国王拒绝，再加上汉使被劫杀，汉武帝大怒，宣称"敢犯强汉者，虽远必诛"。遂命大将军李广利两次出兵行军 4000 公里远征大宛，并派两位相马专家随军出发，最终夺得数十匹汗血马的良种，结盟而还。汉武帝因大宛马雄壮，独名宛马为天马，并做天马歌以颂之："天马来兮从西极，经万里兮归有德。承灵威兮降外国，涉流沙兮四夷服。"汉武帝这次远征以及汗血宝马的引进中原，也为提升汉朝军队的战斗力，抗击匈奴，畅通丝绸之路创造了有利条件。自此，汗血宝马在中原兴盛上千年，但元朝以后，汗血宝马逐渐被中原马同化，渐渐消失。鎏金马的出土让传说中的汗血宝马重回人们的视野。

鎏金马的出土，源于一次偶然的发现。1981 年5 月 1 日下午，陕西兴平寞马大队社员在茂陵 1 号陪葬墓南约 60 米处平整土地，大家已经干了快一天的活了，像往常一样只要翻完这块地就能回家休息，但见村民高均田突然停下了手中抡起的镢头，因为他的镢头似乎碰到了一样异常坚硬的东西。于是，他弯下腰，扒开一看，金光闪闪，直觉告诉他这极有可能是一件古代的宝物。他赶快跑到茂陵博物馆报告，馆长王志杰分别用电话向省、市主管单位做了汇报。陕西省文物局随即组织咸阳地区文管会、茂陵博物馆的业务人员进行了勘探和发掘，经过清理，共出土文物 236 件（组），其中最珍贵的就是鎏金马。如今，这件国宝文物被陈列在"汉茂陵历史文化精华展"中，向游客展示着两千年前汗血宝马的风采。

● 鎏金铜马出土现场

鎏金马的出世，是公元前遗留下来的历史遗物，具有很高的史学价值、考古价值、文物价值，为当时冶炼工艺、造型艺术等方面提供了实物资料，为继承"黄金涂"尖端技术提供了金马样品，给中国古代工艺美术史上增添了金灿灿的一页，它超凡的骏美，显耀着汉代匠师们卓越的智慧，再现了西汉时辉煌的文明成果。如此精美的大型金马出土，在西汉文物考古发现中尚属首例。金马的出土，是茂陵的一个重大发现。这件鎏金马被国家文物鉴定委员会专家组确定为国宝文物，曾先后赴日本、美国、法国、英国、墨西哥、摩纳哥等数十个国家进行友好"访问"，成为中国人民发展对外友好关系的使者。

汗血宝马

汗血宝马，学名阿哈尔捷金马。汗血宝马的皮肤较薄，奔跑时，血液在血管中流动容易被看到，另外，马的肩部和颈部汗腺发达，马出汗时往往先潮后湿，对于枣红色或栗色毛的马，出汗后局部颜色会显得更加鲜艳，给人以"流血"的错觉，因此称之为"汗血马"。

汗血宝马出产于土库曼斯坦科佩特山脉和卡拉库姆沙漠间的阿哈尔绿洲，是经过3000多年培育而成的世界上最古老的马种之一。

当今世界上有三种纯种马：汗血马、阿拉伯马和英国马，其中汗血马是最纯的马种，阿拉伯马和英国马都有汗血马的血统和基因。马史专家认为，汗血马其实就是现在还奔跑在土库曼斯坦的阿哈尔捷金马。汗血马自古至今繁衍生息，从未断过血脉，在土库曼斯坦、俄罗斯、哈萨克斯坦、乌兹别克斯坦都有阿哈尔捷金马，总数量为3000匹左右，其中2000多匹都在土库曼斯坦。

四神纹玉雕铺首

茂陵陵园建制的物证

西汉（前206 — 25）

高34.2厘米，宽35.6厘米，厚14.7厘米

1975年汉武帝茂陵陵园出土

　　铺首系由一整块玉料雕琢而成，其外表呈青绿色，质地莹润，致密而细腻，由于铺首的正面雕饰青龙、白虎、朱雀、玄武图案。因此，人们称之为"四神纹玉雕铺首"。

　　该铺首方形扁身，正面中部浮雕出鼓目、宽眉、卷鼻、张口露齿，形象甚为凶猛的兽面，四神形象分布在兽面左右两侧和眼睛上下。位于左边缘的青龙昂首、翘鼻、鼓目、口大张，两颗尖牙咬住左侧的云纹，身躯扭动，长尾回卷，四肢或伸或蹬，十分有力。位于右边缘的白虎昂首长啸，两前腿踩在上端右侧的云纹上，身躯矫健，形象威猛。在紧靠青龙身躯处，

朱雀圆眼勾喙，身躯修长，呈回首展翅状，尾部为如意云纹形。在白虎之下，玄武为龟张口衔蛇，龟曲颈爬行，部分身躯掩压在云纹之下，形象敦厚稳健。蛇身委婉柔畅，头和颈部位于兽面粗眉之上，身躯和尾部则位于兽面右眼侧面。铺首的背面有突起的长方形钮，上有方孔，可以穿榫。孔内还留存着两端经过切削的金属，应是原在门扇上镶嵌的痕迹。整个铺首造型既威严庄重，又活泼生动，是陵园建筑装饰用玉代表作，也是汉武帝时期玉器断代的标准器，属国宝级玉雕艺术珍品。

这件玉铺首的纹饰布局较为奇特，它是在对称的兽面纹上，寓于不对称的青龙、白虎、朱雀、玄武四神纹，纹饰搭配自然，主次分明。说明这是经过工艺匠师的一番精心构思设计，否则是难于收到这样良好的艺术效果。从雕琢工艺上来说，整个铺首是采用圆雕、浮雕、线刻三者紧密结合的技法，简练而明快地表现出了"四神"的生动形态，取得了较高的艺术成就。

被称作"四神"的青龙、白虎、朱雀、玄武，据《礼记·曲礼》篇记载，它的产生与原始社会氏族部落战争的布阵有关，后受五行学说的严重影响，在《淮南子·天文训》中，把它们与木、火、土、金、水联系起来，并配上各种颜色，分镇四方成为拱卫天帝的四大"方镇"之神，后又经神学者们的美化，把它们装扮成天"神"的形象，它们在天是保卫上帝的，在人间是保卫帝王的，在陵墓中则是保卫墓主灵魂的安全。汉武帝茂陵出土的这件玉铺首饰以"四神"，其性质和作用，也不外乎如此。

铺首，是中国古代装置门环的兽首底座，一般多用金属制作，如河北易县燕下都遗址中曾出土过大型铁质铺首，北京大葆台西汉墓曾出土过大型鎏金铜铺首，但像这样的大型玉铺首实为罕见，目前仅此一例。这件玉铺首的玉质软脆，从铺首背面卯孔中残留的金属痕迹来看，有可能是茂陵地宫墓门上的装饰品，后因某种原因或自然灾祸等而被埋在了地下。卯孔内的金属，经陕西省地质局光谱半定量分析，其主要成分是铅。

茂陵四神纹玉雕铺首，是迄今出土的汉代玉器中最大、最精美的一件，反映出设计者丰富的

四神纹玉雕铺首（背面）

046

想象力和浓郁的审美情趣，极富艺术观赏价值，它为研究汉代建筑史和工艺美术提供了宝贵的实物资料，确为一件难得的稀世珍宝。由于铺首在门上起画龙点睛的作用，因此不难想象，当时茂陵陵园的建筑是何等的巍峨和富丽堂皇，同时也反映了西汉封建统治者生前死后的豪华奢侈生活。

这件玉铺首，经北京地质博物馆的鉴定，认为它的矿石成分是蛇纹石化大理岩，即由方解石矿组成，属于软玉。玉料的来源，按照它的矿物组成成分、色泽、外观组织、比重、硬度等，都与近年来在蓝田县玉川发现的玉料矿石，即现在被称为"蓝田玉"的矿石很相近。因此推测这件四神纹玉铺首是用古代的蓝田玉料琢制而成，它对探讨我国历史上蓝田玉的开采与琢玉工艺，无疑是一件珍贵的实物资料。

蓝田种玉

"蓝田种玉"的典故出自晋《搜神记》。蓝田在得名之前，不过是终南山古驿道上的一个小山庄。庄上有一个穷书生叫杨伯雍，他年轻好学，心地善良。当他看到过往旅客长途跋涉经过此地，缺少歇脚喝水的地方，便搭了一个蓬草凉亭，供过往旅客喝水用茶。他光棍一人，一干就是三年。一天，一个老汉身背碎石，因劳累过度，栽倒在凉亭前。杨伯雍急忙把老人搀扶起来，喂水喂饭，救了老人。杨伯雍问寒问暖，欲留老人多歇一个时辰。老人说："有事在身，不宜久留。"然后把他背的一斗碎石给他，说："别看这些碎石头，你种在地里就会生出玉石，还能娶一个好媳妇。"不等杨伯雍答谢，老人便消失了。杨伯雍依照老人的叮咛去做，果然地里生出一斗玉石，后来，他用玉石做了五双白璧做聘礼，娶了一位善良贤惠的徐姑娘。从此人们便把"蓝田种玉"作为美满婚姻的象征，而这个故事也便千年百代一直流传至今。据说从那时起世间才有了美玉，那个种玉的山被叫作"玉山"。同时也因为这个故事穿缀了一段美好的姻缘。所以，又把"蓝田种玉"作为美满婚姻的吉祥语，广泛出现在婚礼的对联或祝词之中。

琉璃璧

茂陵祭祀重器

西汉（前206 — 25）

直径23.1厘米，孔径4.8厘米，厚1.8厘米
1975年汉武帝茂陵陵园出土

　　琉璃璧，圆形，两面饰有谷纹，内沿及外沿模压弦纹一周。出土时受压，残成三块。璧是古代朝聘、祭祀的礼器，质地为琉璃（古玻璃）的璧较为罕见。经陕西省地质局实验室光谱半定量分析，其成分是以金属铅为主的铅玻璃，呈深蓝色，半透明体。由于长期埋在地下，受到侵蚀，表面有一层白垩物。这件谷纹琉璃璧，重量和直径都比一般玉璧大，发现于汉武帝茂陵陵园内，应是当时茂陵寝殿内用于祭祀的器物，它对研究西汉琉璃烧造技术和西汉帝陵的祭祀制度具有重要价值。

琉璃璧

"琉璃"一词作为外来语，源于西域的巴利文，又译"流離、壁流離、瑠璃"。中国古代称玻璃为"琉琳""流离""琉璃"，从南北朝开始，还有"颇黎"之称。根据《广雅》和《韵集》的记载，"琉璃"是用火烧的玻璃珠子及其他一些透明物质的统称。

　　西亚的底格里斯河和幼发拉底河所处的两河流域上的美索不达米亚平原是两河文明的发源地。古代著名的"丝绸之路"中，西亚就是东西方交通的要道。"丝绸之路"由中国长安沿河西走廊出新疆，经巴基斯坦再由西亚到欧洲。在公元前5世纪时期琉璃由西域（今新疆）传入我国。考古发现在西周墓葬中已有琉璃珠饰，如周原、扶风上宋北吕的西周墓葬等。但所发现的琉璃多为舶来品，具有浓郁的亚细亚风格；而公元前的青铜时代，活跃于中西文化的游牧民族有意无意地将可随身携带的琉璃饰物带进了中原地区，由此开始中国琉璃的制造之路。

　　由于中华文化对于玉石的特殊偏爱，以及根深蒂固的陶瓷文化不断蓬勃发展，中国古代的琉璃艺术始终生长在玉器与陶瓷的浓重阴影里。在造型、色彩、装饰、功能等方面，模仿玉器成为琉璃材料的主要用途。从早期的璧、环、剑饰、带钩到后来的带板、佩饰、首饰、摆件，琉璃都是作为玉石的代用品使用的，从而妨碍了中国琉璃艺术的进一步发展。以至于制造不出相同于西方国家的琉璃品，加之产量低，不能满足王公贵族、权力人士的需求，他们便选择依靠国外的贡品来弥补所需。茂陵陵园出土的这件琉璃璧应是自"武帝使人入海市壁流离"之后，从西域输入汉朝的琉璃器，应是西域国作为国事礼仪馈赠给西汉的礼物，体现了开放的汉朝对于异域文化、异域民族的包容心态，是中外文化和谐共存、合作交流、互鉴发展精神的一个重要体现。

宋元以前，中国琉璃器是异常金贵的物件，被视为权贵和财富的象征，在当时用琉璃器来"斗富"争宠是显贵们的时尚，所以琉璃被誉为中国五大名器之首（琉璃、金银、玉翠、陶瓷、青铜）和佛家七宝之一（金、银、琉璃、颇梨、砗磲、赤珠、玛瑙）。

关于琉璃的起源一直以来都莫衷一是，也无从可考，只有流传已久的"西施泪"的故事传载了一段千古情殇。

相传，春秋末年，范蠡为刚继位的越王勾践督造王者之剑，历时三年得以铸成。当王剑出世之日，范蠡在剑模内发现了一种神奇的粉状物质，与水晶融合后，晶莹剔透却有金属之音。范蠡认为这种物质经过了烈火百炼，又有水晶的阴柔之气暗藏其间，既有王者之剑的霸气，又有水一般的柔和之感，是天地阴阳造化所能达到的极至。于是将这种物品称为"剑道"，并随铸好的王者之剑一起献给越王。

越王感念范蠡铸剑的功劳，收下王者之剑，却将"剑道"原物赐还，还以他的名字将这种神奇的物质命名为"蠡"。当时，范蠡刚遇到西施，为她的美貌折服，惊为天人，他认为金银玉翠等天下俗物俱无法与西施相配，所以访遍能工巧匠，将以自己命名的"蠡"打造成一件精美的首饰，作为定情之物送给了西施。同年因为战事，越国大败，西施被迫前往吴国

● 琉璃璧

和亲。临别时，西施将"蠡'送还给范蠡，传说中西施的眼泪滴在"蠡"上，天地日月为之所动，至今还可以看到西施的泪水在其中流动，后人称之为"流蠡"。

圆玉

璧作为礼器，与瑗、环、玦，这3种玉器，外形相似，通称圆玉。现今，人们看到这些圆玉，并不十分注意它们的中心圆孔有大小区别，常常把瑗与环都称作璧，甚至连缺口的玦，也称为璧。其实，在先秦时期乃至秦汉，古人对这些圆玉的区分，是十分明确的。《尔雅·释器》中记载："肉倍好谓之璧，好倍肉谓之瑗，肉好若一谓之环。"肉即周围的边，好即中间的孔。根据中央孔径的大小把这种片状圆形玉器分为玉璧、玉瑗、玉环3种。边比孔大是璧，边比孔小是瑗，边孔一样大为环。另外凡是周边有一个小缺口的环，叫作玦。

在当时特定场合下，通过这些圆玉的赠、传，往往透露了事主的某种意图。由于这4种圆玉传递的信息不同，使用时，绝对不允许混淆，也不允许有丝毫的疏忽。璧为礼器，用作礼仪或作为身份的标志。瑗，主要用以召人。天子召见诸侯，诸侯召见卿大夫、士的时候，都要命人拿着瑗，以为信物。环，因与"还"同音，故主要用以君免臣罪，许回复任。玦则表示君臣关系已经断绝，返回无望。因"玦"与"决"同音，也象征佩戴者凡事果敢决断，不会拖泥带水。

错金银云纹铜犀尊

精美绝伦的西汉酒器

西汉（前 206 — 25）

高34.4厘米，长57.8厘米

1963年陕西兴平窦马村出土

　　这件犀尊为青铜铸造，其造型为一头肥硕、健壮的犀牛，昂首伫立，双目前视。犀尊风格写实，头部有双角，一前一后，鼻角长而额角端，两耳短小耸立，颧骨突起，双眼镶嵌黑色料珠，尾尖稍翘，夹于股间，短腿粗壮，蹄为三瓣。其骨骼、头部轮廓、肌肉、蹄足比例准确，体态雄健，肌肉发达，酷似实物。犀牛口右侧有一圆管状短"流"，犀腹中空，背上有一椭圆形口，用于注酒，口上有盖，可以开合，设计精巧，结构合理实用。该器造型写实逼真，工艺精湛华美，全身布满的流云嵌入了断断续续

的金银丝好像犀牛身上的毫毛，金、银、铜三色交相辉映，华美的纹饰既具有很强的装饰效果，又有助于表现犀皮粗糙厚重的质感，使纹饰与造型得到完美的结合。虽为实用重器，却写实生动，明显地表现出制作时期的艺术工匠在写实能力方面的巨大进步，可以说是中国古代青铜镶嵌艺术的代表作，具有极其珍贵的历史价值和文物价值。

错金银工艺在青铜饰件上的使用，始于春秋中期，盛行于战国，西汉以后逐渐走向衰落。早在先秦时期，贵族们便用金银来镶嵌青铜器物，此种装饰工艺通称为"金银错",又称"错金银"。错金银工艺包括镶嵌和错两种技术,镶是把东西嵌进去或是在外围加边,嵌是把东西镶在空隙里,错即用厝石加以磨错使之光平,其工艺可谓精密细致。其制作工艺是先在青铜器表面预铸出浅凹凸的纹饰或字形,再用硬度较大的工具錾刻浅槽,然后在浅槽内嵌入细薄的金银丝、片,用厝(错)石磨错,使嵌入的金银丝、片与铜器表面平滑。最后在器表用木炭加清水进一步打磨,使器表更加光艳。这件犀牛尊身上的错金银云纹虽历经两千多年岁月的侵蚀,但依然保存完好,尤其是青绿锈层的衬托,使铜器的古朴与贵气相糅,厚重与华美相融,向我们展示了那时青铜工艺的成熟。

铸造一种如此高水平的器物,不仅仅是技术问题,还有对表现对象的熟悉程度问题。据考证,犀牛曾广泛生活在中国中南部地区。在距今六七千年的浙江余姚河姆渡新石器时代遗址曾出土犀牛的骨骼,地处黄河流域的河南安阳殷墟等地也发现过犀牛的骨骼。殷商时期,犀牛在黄河流域是常见之物。据甲骨文记载,商王武丁狩猎,一次就猎获犀牛71头。犀牛常被作为古代青铜器的表现对象,商代青铜器的装饰构件中就有犀牛,最著名的一件表现犀牛的青铜器就是现藏美国旧金山亚洲艺术博物馆,清道光年间山东省寿张县梁山出土的商代"小臣艅犀尊"。春秋战国时期,湖南、湖北一带还有大量犀牛,《墨子·公输篇》称"荆(楚国)有云梦,犀兕麋鹿满之"。古代的酒器兕觥就是用犀角做的。

中国古代不仅有十分珍稀的野生犀牛,而且有丰富多彩的犀牛文化。

传说两千多年前，负责修筑都江堰的李冰曾命令属下刻凿了五只石犀牛，置于江中以镇水。西汉时，一些小国将犀牛进贡至皇家御兽苑，与狮、象等动物一起圈养，宫廷匠师根据这些动物的形象制作成各种酒器，以求驱邪避灾、迎福纳祥。生活在贵州、湖南、广西等地的古苗人认为犀牛是天上的神兽，具有神奇的法力，对它崇拜有加。

由此，我们可以了解这件以犀牛为原型的尊为什么如此写实，因为它们在中国的数量曾经那么多、离生活那么近。如果有人告诉你，在古代中国的平原上，犀牛会成群结队地出现，新石器时代的人们还曾猎捕犀牛以食用，不要以为那是神话传说。据考证，该犀尊的原型应当是古代繁衍生息在中国的苏门犀。

犀牛为什么会在中国绝迹？环境变化当然是主要原因，但无节制的捕杀可能是更具毁灭性的。犀牛皮皮质坚韧，春秋战国时期被用于制作盔甲，成为一种重要的军需，犀牛因此被大量捕杀，到汉代只能从国外进口犀角了。唐宋时犀牛在中国已基本绝迹，唐代有一种被称为"通天犀"的犀角，"计价巨万"。明清时人们已不知犀为何物了。这件华美、写实、巧用的错金银云纹铜犀尊，见证了两千年前中国犀牛的神韵！

那么，如此高雅绝伦的犀牛尊是从哪里出土的呢？

故事发生在 1963 年 1 月 11 日，发现人是陕西兴平窦马村社员赵振秀。这天，赵振秀去村北断崖挖土准备垫牛圈，在挖到距地面深约 1 米时，只听"当"的一声，挖破了一个像陶罐一样的东西，这东西叫"瓮"。他连忙放下锄头，仔细一看，瓮里面有一个铜牛，小心翼翼地搬了出来。四周的村民都围过来看，一尺高，两尺长，也说不出来是什么东西，只觉得稀罕，就抱回家去了。然而，本村村民赵养锋凭他的考古经历（原在陕西省考古研究所工作），认为这是一件价值连城的文物，于是写信报告了这个铜犀尊出土的信息。陕西省考古研究所闻讯后，即于2月4日派吴梓林前往现场查看。这么大，以动物犀牛形象造型的，这么漂亮的青铜器，吴梓林还是第一次看见。他按捺不住心里的激动，镇定地给村民讲起了国家的文物政策：一是凡是地下出土的文物都属于国家所有；二是保护文物，人人有责；三是对于发现者国家会给予一定的奖励。交代清楚后，全国劳动农业模范、大队党支部书记许敬章说话，坚决拥护国家的政策，文物上交，建议给赵振秀50元的物质奖励，赵振秀也表示同意。

接着赵振秀讲了他挖到铜牛的经过，说那瓮里还有一些东西，有些在牛的肚子里，有些在瓮里。发现时，犀尊头朝西北方向，立于瓮中。吴梓林立即跟他一起去了现场，并把挖出的所有文物，连同碎瓮片一块不剩地带到了所里。经清理，除犀尊外，还有铜器、铁器、陶器等文物24件。

这么宝贵的文物，究竟应该放在什么地方？陕西省考古研究所显然是不行的，他们是研究单位，不是存放单位，要让更多的人观赏到这件宝贝，当然要放在博物馆。经反复研究，他们决定送到国家级博物馆。1963年3月3日，这件宝贵的文物被送往北京中国历史博物馆，现改名中国国家博物馆。据说当时还召集国内顶尖级文物专家开了鉴定会，郭沫若、史树青等人最后鉴定为西汉时期的青铜酒器。对此有些专家认为应该是战国时期的。理由是根据文物的造型、工艺、纹饰来看，和战国时期的一些文物非常相像。认为定西汉时期是一种保守的看法。因此，这件器物的铸造年代，专家们却有战国、秦、西汉三种看法。

今日，您可以在国家博物馆的展厅里与这件"错金银云纹铜犀尊"对视，也可以在1981年发行的纪念金币和1990年发行的纪念银币中找到它的身影，人们以不同的方式赞美这件精美的犀尊。它的出土地位于窦马北遗址，为汉武帝刘彻茂陵园区。人们不由得猜测，或许在这位盛世帝王的宫苑内曾圈养着从南方进献而来的珍贵犀牛，一位卓越的工匠得以目睹，并以青铜尊的形象将其永久保存了下来，成为汉武帝死后的陪葬品。但事实上它并没有出现在墓里，而是在一个大陶瓮里。历史上记载茂陵曾多次被盗，也许犀尊是被盗后遗弃，或许是被盗后珍藏，总之，它为我们留下了一个解不开的谜题。

四神纹染器

两千年前的小火锅

西汉（前 206 — 25）

通高11厘米，长12.3厘米，宽7.6厘米

1961年陕西兴平南位镇陈阡村采集

　　火锅是深受人们喜爱的一种饮食方式，特别是在寒冷的冬天，人们在室内围着热腾腾的火锅，既驱除了寒气，又享受了美味。其实，这种饮食方式可以追溯到两千多年以前的汉代，青铜染器就是最好的见证。

　　这件青铜染器由盘、炉和耳杯三部分组成。该器的炉身镂空，呈椭圆形，敛口，直壁平底，下铸四力士俑形足，炉腹向外平伸一长柄，柄端做桃形，炉底有盛灰盘，炉壁雕朱雀、玄武、青龙、白虎，底镂空两排条形孔，炉上承托铜耳杯一个，耳杯呈椭圆形，敞口，浅腹，平底。造型设计合理，铸造精美。

● 四神纹染器

　　类似的器物在湖南、河南、山西、陕西、山东、河北、四川等地都有出土，时间都属于西汉中晚期，表明这种器具在历史上流行的时间虽不算太长，地域分布却很广，使用比较广泛。对这类器物的名称和用途，有学者认为它是用于温热肉羹的，因此称之为"烹炉"；因炉上的耳杯同西汉时期通用的酒杯形状一致，也有人称之为"温酒炉"；还有学者认为它是一种室内陈列用品，作熏香之用，定名为"熏炉"；因为有的器物上有带"染"字的铭文，有学者甚至认为这种炉具是汉代贵族家庭染丝帛所用的器具。有专家根据其中一件染器上的"清河食官"铭文断定，这种器物应为朝廷中典膳的食官掌管，是古代的一种饮食器具。这种观点得到了普遍认同。研究者援引《吕氏春秋·当务》所记载的一则寓言来论证，寓言说的是齐国有两个武士，一个居住在城东，一个居住在城西。有一次，两人偶尔在路上相遇，便相约一起至店中饮酒。坐下喝了片刻，一个说：我们去弄点肉来吃；另一个说：何必麻烦，你我身上都有肉，何不就地取材呢？"于是具染而已，因抽刀而相啖。"直到死为止。此处所说的染具自然就是染杯和染炉了，染而食之，当是汉代一种很重要的饮食方式。

既然是饮食器具，为何自铭为"染"呢？这是因为中国古代称调味品为染，食肉时常以酱、盐等调味品为佐料，这些佐料是放在耳杯中的。但染器中的炉又作何用呢？这就和当时用"濡"的方法制肉食有关。中国自先秦至汉，制肉食主要有烹煮、炮烤两种方法，用濡法制肉食，在汉代较常见。濡肉包含两个步骤：先把肉煮到可食的程度，相当于现在的白煮肉；然后再蘸调料加味，染杯中盛的就是调味的酱汁。与现代小有不同的是，汉代人习惯用较烫的调料，所以需用染炉不断地给调料加温。考古发掘中所见染器都出自西汉墓。制作精工的染器，除杯、炉外，尚附承盘，并常在炉身铸出各种纹饰。有的染器的耳杯还横出长柄，拿取更为方便。有的耳杯设计更为周到，即在中部装设带孔的箅子，以避免肉食沾上调料中的渣滓，显示出食不厌精的匠心。值得注意的是，出土的青铜染器体量都很小，染杯的容量一般只有 250 — 300 毫升。整套染炉全器加起来，高度也不过在 10 — 14 厘米之间，十分精巧。染器的设计很符合汉代人的饮食方式，当时的人们是分餐制，一般是一人一案。有的染炉和染杯上还刻有顺序编号，宴饮时是一人一套，随吃随"染"，有点类似现代人使用的小型火锅。

染器体现了汉代贵族饮食生活的一个侧面，它是炊器与食器结合使用的一个成功的例证。它既不是染色器，也不是温酒器，而是一种雅致的食器。当代流行的火锅，与这染炉具有很明显的渊源关系，它对研究汉代青铜铸造工艺和汉代饮食文化具有重要意义。

西汉"阳信家"铜染器：1981 年 5 月，兴平市西吴镇窦马村村民在茂陵 1 号陪葬墓南平整土地时偶尔发现鎏金马。陕西省文物局随即组织发掘清理，出土各类珍贵文物 236 件，其中 18 件铭文铜器中就有 2 件"阳信家"染器。形制相同，包括盘、炉和耳杯。青铜质，炉为椭圆形，敞口，直壁，平底，下设三蹄足，炉腹向外平伸一长柄，柄端作桃形，炉底有盛灰盘。炉壁镂三角形孔，底镂两排条形孔，炉的口沿有四个方形支钉。炉

● 四神纹染器

● 阳信家染器

● 阳信家染器铭文

身承盘、三足、手柄分别锻制后焊接成整体，炉上承托铜耳杯，椭圆形杯口，月牙形耳，浅腹。1件耳杯底刻铭文"阳信家铜杯，容二升，重十五两，三年曹孟所买，第五，函池。"炉壁口沿外侧刻铭文"阳信家铜炉，重二斤七两，三年曹孟所买，第六，函池。"；另1件杯的铭文刻在杯腹外侧，为"阳信家，容一升半升，重十五两，第九，函池。"炉口沿外侧刻铭文"阳信家，重二斤七两第十，函池。"炉身高7.9厘米，口径8.8-13.8厘米。承盘高1.5厘米。杯高1.4厘米，口径长15厘米。通高13.8厘米。根据文献资料，结合器物造型特征分析，可以确定"阳信家"即阳信长公主之家。阳信长公主系窦太后之孙女、景帝王皇后之女、武帝刘彻之姊，平阳夷侯曹时之妻。曹时在位二十三年，于元光四年（前131）死，不久公主自婚于大将军卫青；铜器铭文所记"三年"，应是汉武帝"建元"三年（前138），由于"建元"年号系以后追补，故当时没有刻上；关于"函池"，史无记载，根据同出的阳信家铜鼎所记"黄山"推测，"函池"也可能是"函池宫"。此铜染器刻记了器物的所有者、购买者、购买时间、重量及容量等，为我们研究西汉的铜铁冶铸业、度量衡制度、器物定名、判断一号坑的时代及1号无名冢的墓主提供了重要的实物依据。

鎏金铜虎镇
西汉时期席角文化

西汉（前206—25）

高1.5厘米，长2.8厘米
1981年5月茂陵1号陪葬墓1号从葬坑出土

这组虎镇，一套4枚，体形和制作完全相同。青铜质，通体鎏金，内灌铅。虎作伏身团卧状，虎趾相并。两眼圆睁，昂首张口，炯炯有神，傲视前方，八字须横呈有力，扇耳后张，头宽而圆，尾自内侧卷于后背。形态稚拙可爱，造型古朴生动，肌肉强健有力，给人以强烈的视觉冲击力。

镇，《广雅·释诂》解释为："镇，重也。"就是用重物安定物件。镇最初的功能则是用来压席子角的。从史前社会至魏晋时期，人们在室内都是席地而坐，一种是在长条形榻和正方形枰上铺席而坐，另一种是在地

● 鎏金铜虎镇

上铺席而坐。用藤子、芦苇、蒲草或竹条编织的席在人们起身、落座时常会移动，又容易折卷席角和席边，造成损坏，如《史记·商君传》中就记载，商鞅第二次拜见秦孝公，阐述自己的变法方略，孝公听得入了迷，不知不觉地向对方靠拢，以至于膝盖超出了自己席子的边缘，席子当然也随着移动了。为避免这些问题，就需要将席子的四个角用重物压住，于是出现了镇。

　　镇始于西周，汉代席镇的使用及制作都达到了鼎盛时期，镇除了实用功能以外还带有辟邪祛恶的作用。席镇，有石质、玉质、铜质、铁质、银质和金质，还有在锦囊中放入沙子当镇用的。古时镇也写作瑱，表示镇既可以是金属做的，也可以是玉做的。《楚辞·九歌》说东皇太一"瑶席兮玉瑱"，说湘夫人"白玉兮为镇"，《西京杂记》说昭阳殿有"绿熊席，席毛长二尺余"，"有四玉镇，皆达照，无瑕缺。"其中以青铜镇最常见。汉代墓葬出土的席镇已达数百件之多，其中海昏侯墓出土的席镇64件，数量之多、造型之美、质量之高，都是以往考古发掘中罕见的。完整的席镇皆为一套4枚，一般高3.5－7.5、底径6－9厘米左右。为了避免牵羁衣物，镇体的基本造型往往接近于一个扁圆的半球形，且多数镇被做成动物形，常见的有虎、豹、羊、鹿、熊、龟、蛇以及人物等。有鎏金、错银、嵌贝等工艺，不一而足。在未经扰动的汉墓中，四枚镇排成方形，也有的还放置于漆秤或石秤四角。为了保持镇体的半球形轮廓，这些动物常蜷屈蟠伏成一团，但其身姿并不显得局促。为了增加镇的重量，有的镇内灌铅、沙或铁。汉镇一般

● 鎏金铜虎镇

重 600 — 800 克，约合 2.5 — 3 汉斤，很适合压席。镇在汉代工艺美术中独树一帜，也是汉代室内布置的亮点。

茂陵 1 号陪葬墓 1 号从葬坑出土的这组鎏金铜虎镇，造型生动、构图紧凑，无论是从雕工技艺还是其使用价值的角度看，都可堪称我国古代实用艺术的珍品。虎镇虽小，但同样和霍去病墓前的马踏匈奴石雕一样，从侧面反映出这个时代宏大与雄伟的时代风貌。镇之所以做成虎形，是因为虎在中国古代的地位是很高的，青龙、白虎、朱雀、玄武的"四方神"概念中，虎是威猛的象征，镇守西方，同时也具有吉祥、正义、辟邪等作用。

汉代为什么会有这么多的席镇？这就要从古代使用席子的礼仪说起。我们的祖先最早的起居形式是席地跪坐，也就是双膝和双脚的脚背着席，臀部自然落在脚踵上。现在韩国、日本还保留着这种坐法。如果将臀部抬起，上身挺直，就叫长跪，又叫跽，表示尊敬。那时，从天子、诸侯的朝觐、祭天、祭祖等重大政治活动，到平民、百姓的婚丧、宴请、讲学以及日常起居等，都要在席子上进行，所以席子便成为中国古代用途最广泛的坐具。《周礼·春官》中贾疏曰："凡敷席之法，初在地者一重即谓之筵，重在上者即谓之席。"也就是说，一重为筵，二重为席，合称筵席。现在，"筵席"已经由铺设的坐具演变成"餐食""宴请""酒席""酒筵"的意思了。

古时使用席是讲究礼节规制的。一般生活起居、接待宾客都要在室内布席。布席讲究位正，孔子就严守"席不正不坐"的准则。为保持席正，就需压以重物。由于人们地位和身份的不同，使用席子的数量也是不同的。

《周礼》记载"天子之席五重，诸侯三重，大夫再重"。这就是说天子要铺五重席，诸侯要铺三重席，大夫要铺二重席，而平民百姓只能铺一重席。

魏晋以后，人们由席地而坐逐渐改变为垂足而坐，家具式样也随之变化，席镇失去了实际作用，逐渐减少乃至消失。

汉代，除了席镇，还有压于博棋四角的"博镇"、车上用的"车镇"、压于帐角的"压帐"等。纸张出现以后，人们写字最初仍然像在竹简上写一样，一手掂纸，一手悬臂，书写十分费劲。后来受到席镇的启发，出现了纸镇，也就是把纸平放在几案上，四周压上镇，使纸张保持平整，便于书写。纸镇现在也叫镇纸、镇尺，为文房之宝。

横山宫铜灯

黄山宫遗址的佐证

西汉（前206 — 25）

高5.4厘米，口径14.3厘米，柄长15厘米
1984年陕西兴平侯村遗址出土

　　灯作为照明用具，历史悠久，通常泛指可以照亮的用具。汉代用于平民随葬的明器灯多为陶质，用于宫廷及贵族的多为青铜灯。1984 年 2 月陕西兴平市田阜乡侯村村民张文昌在自家后院打井时，发现一件西汉铜行灯，后移交茂陵博物馆收藏。灯盘为侈口圆盘状，盘下有三个小蹄形足，盘边伸出一柳叶型柄，盘中有一锥状插针。柄正面阴刻"横山宫"三字。行灯足较短，由于有柄便于行走手持，所以得名行灯。行灯根据燃料的不同，还可分为油灯和烛灯。"横山宫"灯的发现对于我们研究确定汉横山

宫地望及研究秦汉宫殿意义重大。《汉书·地理志》记载"有黄山宫，孝惠三年造"；北魏郦道元《水经注》记载"渭水又东北绕黄山宫南"；《三辅黄图》记载有"武帝建元三年开上林苑，东南至蓝田宜春鼎湖，御宿昆吾傍南山，而西至长杨五柞，北绕黄山，濒渭水而东。"这些文献说明黄山宫在兴平镜内。"横山宫"灯的出土也为我们肯定侯村遗址就是黄山宫遗址提供了佐证。"横山宫"三字，与同期茂陵1号陪葬墓1号从葬坑出土的铜鼎铭文气蕴相同。"横"字的"黄"旁及"山"字同铜鼎的"黄山"二字及"黄山"宫瓦如出一辙。"宫"字同汉"梁宫"瓦当的"宫"字都缺宝盖一点完全一样。灯的形制也说明"横山宫"灯属于汉武帝时期黄山宫的实用器。汉代文字增减、移动偏旁的例子是经常出现的。1号从葬坑出土错金银铜竹节熏炉的铭文中"炉"字无"金"字旁，而同1号从葬坑出土的提炼暖炉等器物铭文中的"炉"字就有"金"字旁。"横""黄"在汉代可以互通，横山宫应该就是黄山宫。此灯制作工艺精湛，铭刻清晰，属宫廷用器。

灯和灯字究竟起源于何时？从现有的考古资料中可知，灯最早出现于春秋时期，是由食器豆转化而来。《尔雅·释器》记载"木豆谓之豆，竹豆谓之笾，瓦豆谓之登"。又有《仪礼·公食大夫礼》中"大羹湆不和，实于镫，宰右执镫，左执盖"。由于制作豆的材料不同，因而分别有不同的名称。"镫"同"灯""锭"，"镫""锭"是一声之转。"镫""锭"之制，上有盘，中有柱，下有座。显然，豆形灯是我国最早灯的形制。

● 横山宫铜灯

到了战国，灯发展成为一种带有浅盘、内底平坦有高柄的器皿。随着时间的推移，在其平坦的浅盘中央逐渐出现了锥状钎；柄的形制也发生了较大的变化，有高柄和矮柄两类；灯上有盘，用以盛油或插烛，底呈喇叭形，底径与盛盘大致相等，以增加稳定性。目前发现最早的青铜灯是战国中晚期河北中山国墓出土的银首人俑灯和十五连盏灯。当时叫"镫"，南北朝时期编纂的《玉篇》中才有"燈"字出现，这可能是战国、秦汉之时灯主要由青铜、铁制作，所以少不了"金"字旁。南北朝时，由于青瓷灯的出现。因而，就产生了火字旁的"燈"，即今天我们常用的灯字。

从追溯灯的历史，去理解"镫"字的产生，我们看到了我们的祖先在创造光明的同时，为灯具命名的思维性与创造性。

汉代"事死如事生"丧葬习俗的推崇，大量的铜灯随着墓主人长埋地下而保存下来。灯与古人的生活密不可分，它不仅是一种实用器皿，而且有着丰富的文化内涵，值得我们研究和珍藏。

史书上记载的黄山宫究竟在哪里？2000年，

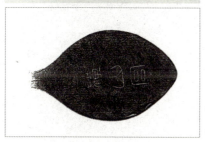

● 横山宫铜灯铭文拓片

陕西省考古研究所对这一皇家行宫进行了探秘，找出其具体方位，纠正了历史记载的偏差。

这一遗址探明在兴平田阜乡侯村一带，距西宝公路约 1.5 公里。过去曾出土过一些汉代文物，20 世纪 80 年代全省文物普查时将此处定为县级文物保护单位，但未能确定其究竟是何性质。考古人员对此处进行了细致的考古发掘，在东西约 1000 米、南北约 400 米的发掘范围内，出土了大量的建筑材料，有瓦当、空心砖、铺地砖、柱础石、陶质输水管道、踏步等，仅各种不同图形的瓦当就有 400 多件。这些建材体量硕大、做工细致，表现出高规格等级的气派，显然不同于一般民间建筑。铺地方砖有素面的，也有回纹、乳钉纹的，上面的花纹也应有防滑作用，还有呈正三角形的铺地砖，应用作拼摆图案或填充边角之用。排水管道有圆筒、五角形，均体形粗大，有的内径达 50 厘米。瓦当图案有葵纹等植物纹、网格纹、方格纹等几何纹，夔龙、夔凤、饕餮等动物纹，以及"延年益寿""长乐未央"、涂朱"长生无极"等文字纹，最宝贵的是有的瓦当上有"黄山"字样，明确地证实了此处的宫殿名称。所遗憾的是，在有限的发掘中未见有宫殿的夯土台基遗迹。

铜龟负螺山

传说中的东海仙山

西汉（前206—25）

长10.3厘米，宽7.4厘米，高3.45厘米
1980年陕西兴平齐家坡村出土

铜龟负螺山，一组4件，青铜质，神龟做缩颈爬行状，背中镶嵌着用海螺壳堆砌的假山，龟背边沿铸有海波纹，它便是人们传说中的海龟负仙山，此器反映了汉人祈求延年益寿的神仙思想。

《列子·汤问》说，渤海之东几亿万里有一处无底的海沟，上面漂浮着五座仙山分别叫作"岱舆""员峤""方壶"（后传为"方丈"）"瀛洲""蓬莱"。山上长满珍珠玉树，吃了可以长生不老，树上住着的都是神仙。但是这五座山经常随着海浪漂移，有时候神仙们出趟门回来就找不到家在哪里了。

神仙们把这件事上报给天帝，天帝遂派海神禺疆调了十五只大乌龟去

● 铜龟负螺山

驮住仙山。这十五只乌龟每三只分成一组负责一座仙山，其中一只乌龟用头顶着仙山，另外两只乌龟就在旁边休息，每六万年换一次班。有这些乌龟在下面顶住，五座仙山总算稳定下来了，神仙们的日子也方便多了。但是后来一个龙伯国的巨人来到归墟附近钓鱼，竟然把负责驮岱舆和员峤两座仙山的六只乌龟全钓走了。那两座山失去了乌龟的支撑，被波浪推到了北极，沉没在汪洋之中了，剩下来的方壶、瀛洲和蓬莱，就是后世传说中的三仙山。

战国时期的齐威王、齐宣王、燕昭王和秦始皇都曾派人到海中寻找过神山、仙人，为的是寻求长生不老药。特别是汉武帝不惜动用大量的人力物力而为之。方士李少君就是武帝最信服的仙道之一，他给武帝建议大炼仙丹食之能延年益寿。于是武帝就遣方士去渤海寻仙。李少君带着他的弟子们坐在龙王的儿子龟背上，随着汹涌的海波逐流不定，未见踪影。少君一次次的行骗，一次次为武帝求仙未果，最终被杀了头。

据《史记·孝武本纪》记载，西汉元封元年（前110），汉武帝到泰山行封禅大礼，听信一些方士"蓬莱诸神山若将可得"的蛊惑，"乃复东至海"，以"望冀遇蓬莱"。所希望见到的"蓬莱"仙山在山东海边没有"遇"到，其"并海"（并为沿之意）而"北至碣石"，沿着海边一直来到有"神岳"盛名的碣石山祭神求仙。汉武帝此行碣石，使碣石山一带沿海地区的求仙活动在时隔百年之后死灰复燃。而他搞的求仙活动，比秦始皇要热闹许多，如召鬼神、炼丹沙、候神等，各种名堂数不胜数，而且动辄就入海求"蓬莱"，指山说封禅。当时，为了迎合他祀神求仙，"于是郡国各除道，缮治宫观名山神祠所"。为此，碣石山一带又留下不少祀神求仙的各种各样的建筑。在碣石山南麓，迄今存有汉武帝行宫的遗迹，1958年在修建位于昌黎县城的西山东坡原二中（昌黎一中）校园操场时，曾出土了大量"千秋万岁"瓦当和大型汉瓦，其地当为汉武帝来碣石山时驻跸的行宫所在地。

在碣石山，汉武帝也像秦始皇一样，进行了刻石纪功活动。对此，郦道元的《水经注·濡水》有明确记述："濡水（滦河）又东南至絫县碣石山……汉武帝亦尝登之，以望巨海，而勒其石于此。"絫县为昌黎在西汉时的县名，坐落在昌黎县城之北的碣石山主峰仙台顶，又名"汉武台"，

"汉武台"极可能为碣石山主峰最古老的专有名称。汉武帝的求仙活动，在文化上使得神仙方术思想蔓延，并形成了一个独特的方士集团。后来东汉的道教，吸纳了神仙方术，方士们则逐渐蜕变为道士，而在道士们的主导下，神仙思想与求仙活动仍不绝如缕，如大诗人李白就"五岳寻仙不辞远，一生好入名山游"，他和武帝一样，也做过一场神仙梦。

由于神仙观点的存在，"死乃崇丧"的风气大为流行。这组铜龟负螺山正是"事死如事生"丧葬礼仪的反应，是基于自然界存在人间、地狱、天堂的宇宙观和死后成仙、升入天堂的人生理想，也是当时统治者的社会生活和社会地位在墓葬遗址中的折射。

山呼万岁

我国古代皇帝接受群臣跪拜，群臣呼万岁，何以称之为"山呼万岁"呢？这里有个故事。据《汉书·武帝本纪》记载：元封元年（前110）春天，汉武帝在嵩山拜谒了诞生夏启的启母石后，率众登上了嵩山东麓的一座山峰。随从的吏卒们都听到了山中隐隐传来了三声高呼万岁的声音。于是吏卒皆恭维武帝说："这是中岳山神在迎接陛下。"汉武帝听了非常高兴，于是封所登之峰为"万岁峰"，并在峰上建"万岁亭"，在山下建"万岁观"。同时，下令祠官大规模增建祭祀嵩山的"太室祠"，并划嵩山下三百户设立"崇高县"，免除一切赋税、徭役，专管祭祀岳神之事。汉武帝把这作为"祥瑞"写在诏书里。后世的统治者遂把"山呼万岁"定为臣子朝见皇帝的定仪，称之为"山呼"。"山呼"又称"嵩呼"，这是因为登上嵩山的缘故。据《元史·礼乐志》载"山呼"的仪式是：朝见皇帝的人，先跪左膝，司仪官高喊"山呼"，朝见人叩头并应和说"万岁"；司仪官再喊"山呼"，朝见人又叩头喊"万岁"；最后司仪官喊"再山呼"，朝见人再叩头，和说"万万岁"。后来则演变为三呼万岁。

错金银铜弩机

汉代远程杀伤性武器

西汉（前206 — 25）

长15.5厘米，宽12厘米，厚2厘米
1984年兴平县庄头乡马村出土

　　西汉错金银铜弩机，青铜质，平面呈甲形，郭的上端饰错金云纹，瞄准器两侧面饰错金花鸟图案，悬刀，望山及钩、弦牙部均阴刻"木"字。

　　弩的具体结构，可以分为臂、弓、机三个部分。"臂"一般为木制；"弓"横于臂前部；"机"装在臂偏后的地方。弩最重要的部分是"机"，弩机一般为铜制，装在弩"郭"（匣状）内，前方是用于挂弦的"牙"（挂钩），"牙"后连有"望山"（用于瞄准的准星）；西汉开始弩的"望山"上刻有刻度，作用相当于现代枪械上的表尺，便于按目标距离调整弩发射

● 错金银铜弩机

的角度，提高射击的命中率。在铜郭的下方有"悬刀"（即扳机），用于
发射箭矢。当弩发射时先张开弦，将其持于弩机的"牙"上，将箭矢装于
"臂"上的箭槽内，通过"望山"进行瞄准后，扳动"悬刀"使"牙"下
缩，弦脱钩，利用张开的弓弦急速回弹形成的动能，高速将箭射出。

　　弩机是古代利用机械远射的兵器，即射箭的弓。《说文·弓部》载：
"弩，弓有臂者。"大约在3万年以前，我国就发明了弓箭，春秋时期出
现弩。弩和弓的发射原理相同，但比弓射得远，杀伤力也强，并克服了拉

弓时体力受限制而不能持久的弱点。到汉代，弩机的加工精度和表面光洁度已达到相当高的水平。它是各侯官、部队必备武器，也是个人常携带的武器之一。弩的种类按射程和强度分为一、三、四、五、六、七、八、十、十二、十五石等十个等级，其中以六石弩最为常见，大约可射260米。还有一种大黄弩，从史料记载中将十石、十五石弩都称作"大黄"来看，似乎说明力较大的强弩都可以称作大黄弩。此外，有些弩机上还留下了作工、锻工、磨工等的名字。古代的弩有两种："以手张者曰擘张，以足张者曰蹶张。"蹶张弩的力量较大,用双臂的力量无法拉开,所以有"超足而射"的记载。据《荀子·议兵》《战国策·韩策》记载,强弩有力达十二石,远射六百步以外。

弩在军事领域的发展得益于复合弓和铜弩机的发明,否则凭其较短的拉程,是无法与弓的杀伤力较长短的。强弩的特点是又远又准,有时间从容瞄准,但上弦比较费力耗时。根据这些特点,强弩通常被用于防御和伏击,射击的连续性则需要依靠几组射手的轮番上阵方可。战国后强弩成了战车的心腹大患,远程打击的强大杀伤力令战车坚固的盾甲也黯然失色。

弩由弓、弩臂和弩机三个部分构成:弓横装于弩臂前端,弩机安装于弩臂后部。弩臂用以承弓、撑弦,并供使用者托持。弩机用以扣弦、发射。使用时,将弦张开以弩机扣住,把箭置于弩臂上的矢道内,瞄准目标,而后扳动弩机,弓弦回弹,箭即射出。

弩箭有方头的(方镞箭)、角锥头的、梯形的等,有的带倒钩。西方学者认为中国战国时期的弩机可以和近代的来复枪相媲美,是古代工程技术的杰出成就之一。

据传,是战国时期楚国的琴氏"横弓着臂,施机设枢"发明了弩(春秋时期,地处南方的楚国在扩展疆土的时候,不可避免地与当时的少数民族部落发生冲突,从中受到启发,学到弩的制造方法也是自然的)。弩发明后,不断得到改进,主要体现在弓力的不断加强和弩机的改进上。据记载,当时一张弩质量为369千克,最大射程可达800米。这样的弩单靠人两臂的力量当然是拉不开的，必须由力士以坐姿用两条腿两只手合力张弩（踏张）或利用机械的力量。

弩机作为弩上最重要的青铜组件，出现于战国，盛行于秦汉，是古代远射兵器中最早的青铜机械装置，包括外框部分的"郭"，钩住和放开弓弦的"牙"，作为扳机的"悬刀"及瞄准的"望山"。用这种弩射出的箭更准确，更具穿透力。

到了战国时期，攻守双方已经开始使用一种更大的弩。例如《墨子·备高临》中的"连弩之车"，所用之箭长 1.9 米，尾部有绳，在射出之后可以卷回再用。

对于当时以步兵和车兵为主构成的难以横向移动的大型方阵来说，弩具有很强的杀伤力与威慑力，所以为当时兵家所重。如公元前 260 年发生的秦赵长平之战中，秦军的强弓硬弩发挥了巨大作用，最终将赵国主将赵括射成"刺猬"，取得了这场夺天下之战的胜利。

唐朝是中国封建王朝的鼎盛时期。它的版图扩展到了前所未有的程度，北达西伯利亚，西接帕米尔高原，南到南洋诸岛。这自然和唐代军队的战斗力有着不可分割的关系。唐代军队所使用的弩有臂张弩、角弓弩、木车弩、大木车弩、竹竿弩、大竹竿弩和伏远弩 7 种。臂张弩和角弓弩属于轻弩，装备单兵使用，其余的都属重弩，如大木车弩，需用绞车张之，箭的尾羽是铁制成的，箭出时"声如雷吼"。另外还有一种车弩也是设在绞车上，一次能同时发射 7 只箭，可射 700 步，所中城垒，无不摧毁。这些重弩由于过于笨重，发射速度又慢，不适于野战，所以一般只用于攻守城战斗。弓在唐时不是管制兵器，而弩绝对禁止民间持有，以防止农民起义军用其对抗朝廷。

宋朝是弩的主要使用朝代，宋军兵器以弓弩为主，弓弩兵在宋军中占六成以上，由于弓弩是主要兵器，所以宋朝时衡量一个人的武艺，都是以臂力作为第一标准的，即看能挽开多少斗的弓。宋军的弩种类很多，突出的有两种，一为床子弩，二为神臂弓。神臂弓其实也是一种弩，装有机关，但可由一人发射，射程也可达370多米，且可贯穿重甲，令金军胆寒。床子弩是一种重武器，是依靠几张弓的合力将一支箭射出，往往要几人拉弓才可拉开，射程可达1500米，是当时的远程武器。"澶渊之盟"前夕，契丹大将萧达览即是中了床子弩箭阵亡的，使契丹士气大挫。

铜熨铫
两千年前的熨斗

西汉（前206 — 25）

高4.8厘米，口径12.6 厘米
1981年汉武帝茂陵1号陪葬墓1号从葬坑出土

　　熨铫，青铜质，敞口，沿向内折，深腹，圜底。腹外部刻铭"阳信家熨铫，容二升。""阳信家"即阳信长公主家。阳信长公主系汉武帝刘彻的大姐。这件刻记了器物所有者、名称、容积的铜熨铫，是我国现存最早的一件铜熨铫实物。自铭为"熨铫"的器物，考古发现目前仅此一件。它的发现，既填补了古代文献资料的缺乏，又为研究西汉时期的度量器及熨斗形制演变提供重大依据。

　　"熨"来源于"尉"，汉时已通用。所以，许慎在《说文解字》中"尉"仍收火部。尉，原意是用手从上往下按，下面加了火，表示加热按下。人

● 铜鍪铫

们起初用石块、陶片或铜铁块之类，在火上烤热后，按压在物件上使之平贴。随后才以铜、铁制成斗形，斗中贮碳生火，称作"熨斗"。

熨斗的底，据出土的实物观察，是由圜底渐至平底。大约在西汉中期以前，熨斗为圜底，与当时使用的铫器相似。关于"铜铫"文献记载的较少。《小校经阁金文》卷十三仅录有汉"敬武主家铜铫五升二斤九两初年五年五月河东造第四"铜铫铭文拓片。另外一件为汉富平侯铜铫铭文拓片，陶北溟长跋，题此器为"汉敬武公主家富平侯张氏铜铫"。《说文解字》中对于"铫"的解释是："铫，温器也。今煮物瓦器谓之铫子。"《辞源》对于"铫"的解释为"有柄有流的小型烧器"。古代还有沙铫、银铫、金铫、药铫、石铫等。从《辞源》的解释中可以看出，铫的形制在后来已发生变化，功能以实用为主。

自铭为"铜铫"器物，考古发现较少。1990年5月，汉武帝茂陵东南一从葬坑出土3件铭文铜铫。形制、大小相同，唯铭文有别。口径18.5、高9、沿宽1厘米。口微敛，外折沿，弧腹较深，圜底。器壁较薄。口沿背面均竖刻铭文。铭文分别为："上林乘舆铜铫一容一斗重一斤六两元封三年正月庚子有诏予水衡都尉给共第十八。"共35字。"□□乘舆铜铫一容一斗重一斤三两元封三年正月庚子有诏予水衡都尉给共第十九。"共35字。"甘泉上林乘舆铜铫一容一斗重一斤三两元封三年正月庚子有诏予水衡都尉给共第廿二。"共37字。通读铜铫铭文可知此批器物应为皇宫车舆所用之器物，是元封三年（前108）奉汉武帝之诏在水衡都尉的监造下生产的。铜铫上的字体篆中带隶，基本隶化，铭文清晰，纪年清楚，是全国目前发现最早的有明确纪年的铭刻铜铫。

茂陵1号陪葬墓1号从葬坑出土的这件铜器，自铭为"熨铫"，说明铫后来发展有了熨烫的功能，是我国现存最早的一件铜熨斗实物。熨斗又称"火斗""金斗"。其主要功用是熨烫衣物，一般有两种要求：一是把有皱褶的地方熨平贴，正如《乐府诗集·采桑》所说"熨斗成襦褶"；另一种是在需要有明显褶纹的地方，把褶纹熨得挺贴，如宋代《文苑英华》中则有"熨斗成裙褶"的说法。前者，是去掉衣褶痕迹；后者，是要熨出裙褶。一字之差，各有偏重。

在中国古代，不仅君王之服每天要熨，而且朝衣也需熨帖，才显官仪。

正如唐代王建的《宫词》中所描写："每夜停灯熨御衣，银熏笼底火霏霏。遥听帐里君王觉，上直钟声始得归。"说明当时熨衣的宫人是十分辛苦的。王建在《田侍郎归镇》诗中有"熨帖朝衣抛战袍，夔龙班里侍中高"句，其实，朝衣初换固然要熨，官员们平日办公应酬，也不应衣皱纹乱。官宦之家，熨衣就很热闹。白居易的《春早秋初因时即事兼寄浙东李侍郎》诗写道："理曲管弦闻后院，熨衣灯火映深房。"一点儿都不夸张。

熨帖，不仅是使成衣平贴，即使在裁剪缝纫之时，也需熨斗使衣料平整以便于裁缝。白居易的《缭绫》诗说，越溪寒女织成珍贵的高级丝织品，送到宫里，"广裁衫袖长制裙，金斗熨波刀剪纹。"舞衣的缝制，连刀剪纹都得熨平，更是需要娴熟的熨技了。魏晋南北朝时期，熨斗已经较为普及，《世说新语·夙惠》中记载了一则母子共同使用熨斗的感人故事：韩康伯很小的时候，家里非常穷，到了最冷的季节，他还只穿了件短袄，是母亲殷夫人给他做的短袄，（做时）让康伯提着熨斗，对康伯说："你暂且先穿上棉袄，过段时间再给你做棉裤。"韩伯说："熨斗里生火，柄也热；上身穿袄，下身也暖和，就不需要再做棉裤了。"执柄觉暖，也是最贴心的话了。从这则故事中得知韩康伯家庭虽然比较贫困，但是还是备有熨斗，用于做棉衣，说明熨斗已经成为家庭中的基本生活用具。晋《杜预奏事》称："澡盆熨斗，民间要事。"确实，百姓之家，熨斗也是常用之物，但是不像富贵之家日日熨衣，多半在裁缝之时才生火热斗，其情其景，又是别一番滋味。

古时，男人出征，他乡滞留，在家妇女都要捣素裁衣，缄封寄远。王建的《捣衣曲》写捣衣的女子"夜深月落冷如刀，湿着一双纤手痛"，缝衣时，"重烧熨斗贴两头，与郎裁作迎寒裘"。这与豪宅的"熨衣灯火映深房"怎能比得。

"尉（熨）"的原意是从上按下，使平贴之义。因此，古时所设校尉、廷尉，皆取此义。如秦汉以太尉掌兵事，廷尉听狱；汉代县置尉，主管盗贼，察奸宄。从上按下，意喻治安平定天下，有人更拿熨斗表白自己态度。《隋书·李浑传》载："尉迥反于邺，时穆（穆是李浑之父）在并州。高祖虑其为迥所诱，遣浑乘驿往布腹心。穆遂令浑入京，奉熨斗于高祖，曰：'愿执威柄以熨安天下也。'"古人以熨斗作喻，寓意深远。

我们现在使用的熨斗形状，是西方人发明的，但是西方人使用熨斗的时间却比我们晚了很多，直到 16 世纪，荷兰裁缝才开始使用空心的盒型大熨斗，比中国晚了两千多年。

西汉（前 206 — 25）

通高16厘米，长54.8厘米，宽16.2厘米
1981年茂陵1号陪葬墓1号从葬坑出土

　　漆木家具是汉代名贵工艺品之一，可以说汉初漆家具是继战国髹漆家具以来的又一个鼎盛时期。从汉墓中可以看到，漆木家具在贵族日常生活中占有重要地位，漆案便是其中之一。

　　茂陵 1 号陪葬墓 1 号从葬坑出土的这件鎏金漆案，长方形，面饰云纹，四蹄足。出土时器身已全朽，仅存案足和案面周栏的铜饰。案栏包角铜饰阴刻云纹图案，鎏金。案足，鎏金，素面。出土时包角和案足上都附着有红色漆皮。该案漆器部分为复制品。漆案的胎骨是利用刨、削、剜、凿的

● 鎏金漆案

方法制成，这种制作方法称为斫（zhuó）木胎。

　　案属于古时摆在席上或置于席边的低矮家具。案的使用非常广泛，上至天子，下至百姓，都用案作为饮食用具，或者放置竹简、伏案写作。一般案的底部有足，底部无足的叫托盘。追古溯源，盘和案应属两大不同系列。漆案起源很早，大约在新石器时代就出现了漆案，如距今4000多年山西龙山文化陶寺类型遗址出土的彩绘木案，呈长方形。案足由两短边和一个长边等高的木板组成"凵"短足形。当然早期盘、案用途也许有些混淆。这件轻便的小型食案在汉代墓葬中出土较多，为陈举进食而用，类

似托盘所起的作用。案的出土显示，汉代贵族的用餐方式采用分餐制，每人一案，自己则坐在专用的席子上，席子四角还有精致的席镇，同时享用可口的食物，很是斯文。

这种食案在史书文献上记载颇多，明代谢在杭的《五杂俎》中早有过评论："汉王赐淮阴侯玉案之食；玉女赐沈义金案玉杯；石季龙以玉案行文书；古诗有'何以报之青玉案'；汉武帝为杂宝案，贵重若此，必非巨物。汉时皇后，五日一朝皇太后，亲奉案上食。"这些例子，足以证明食案轻巧灵便的特点。以食案的功能而论，这类案面非常平整，主要是案上要放置盛了食物的食具；为防止食物汤水外溢，案周起沿或拦水线；因为古人"席地而坐"，就食的器具较矮才相适宜，加之需"持案进食"，案上陈放的应是较轻小的食具，所以整个漆案较矮，造型轻巧，案板也不宜太厚。由此可见，古人"举案齐眉""持案进食""奉案上食"是极为寻常的事，这些特点是青铜家具所无法比拟的。

汉代的案，式样很多，用途也很广泛，除了进食用的食案，还有读书用的书案，以及放置用品的琴案和供案。食案中有方有圆，腿也有高低、形式的不同变化。书案、琴案和供案，大都是平台案，没有拦水线。供案是专门用于安放祭祀物品的案。古代的祭祀活动非常隆重，重要的供品不能直接放在地上，必须放在特制的供案上。供案具有威严感，从心理上暗示、警告的效果。用家具作为文化符号传递信息，这是案子重要的本意。那么，衍生出来的词汇就是"案件"，原义指案子上的文件。"审案子"，原义指在案子前面审理事情，最后简称为审案子。其他跟"案"相关衍生出来的词汇有文案、方案、草案、议案、案件等，都跟案有关。

● 案足

● 案栏

汉代以后，随着高足家具的普遍应用，人们的起居习惯转变为垂足而坐，案类家具也不断增高，案面也有所扩大。宋、元、明、清时期，在炕案、条案、画案、平头案、翘头案的基础上，产生了半桌、方桌、条桌、书桌等。桌与案相比，主要区别在于四条腿的位置，腿在四角为桌，腿缩进面板为案。虽然样式不同，但追根溯源，都来自古代席上之案。

举案齐眉

东汉有一位名士叫梁鸿，有气节，有文采，在当地非常有名。他的同乡有一个女子叫孟光，一心一意想嫁给他。孟光长得不好看，肤色比较黑，但特别有劲儿，史书上记载她能"力举石臼"。孟光到了30岁还没嫁出去，她父母就问："你为什么还不嫁啊？"30岁不要说是在古代，就是在今天，30岁没嫁出去的人，父母也得问。她回答说："我非梁鸿不嫁。"梁鸿一听这话高兴了，心想：还有这样的女子？那我就娶回来吧。当时就是请媒人牵牵线，搭搭桥，也没见过真人，就把孟光娶回来了。孟光很高兴，就忙着描眉画眼。但梁鸿一见她这样，就不高兴了，连着七天没有搭理她。孟光就慌神了，不知道因为什么：怎么娶了我又不理我呢？她就向梁鸿请罪。梁鸿说："你描眉画眼不如素面朝天好看，我得要个能过日子的老婆。"孟光说："那我就不画了，咱好好过日子。"于是孟光每天把饭菜弄好了，摆在托盘里，双手捧着，举得齐自己的眉毛那样高，恭恭敬敬地送到梁鸿面前。这就是"举案齐眉"的故事，这个成语也变成今天夫妻相敬如宾的一个象征。

鎏金漆耳杯

飞羽觞而醉月

西汉（前206 — 25）

通高 15.5厘米，长21.3厘米，宽16.2厘米
1981年5月茂陵1号陪葬墓1号从葬坑出土

　　这套鎏金漆耳杯，整体分为座、杯上下两部分。鎏金铜座为盘足，圆柱形座柄，柿蒂状支架，承托耳杯。耳杯为椭圆形、浅腹、平底，两侧附半月形双耳，出土时漆觞器身已腐朽，仅存觞耳装饰及铜座。耳杯是古代的一种饮器，可用来饮酒，也可盛羹。因其形状像爵，两侧有耳，就像鸟的双翼，故名"羽觞"，又称"羽杯"等。饮时杯上可插羽毛，意有催人速饮。

　　羽觞杯这种器形出现于战国时期，到了汉代以后便被定名为羽觞杯，双耳杯，一直延续到魏晋南北朝，名称逐渐通俗化为"耳杯"，到唐代的时候绝迹，至明清又有出现，不过这时形制已有改变，用途也已不作为实用器，只作为礼器或摆件。

自羽觞问世以来，觞既是羽觞的省称，同时又成了所有酒杯的通称。所以古人把行酒叫"行觞"，称酒政为"觞政"。三国曹植《七启》诗云："盛以翠樽，酌以雕觞，浮蚁鼎沸，酷烈馨香。"李白《留别曹南群官之江南》诗曰："愁为万里别，复此一衔觞。"这里的觞可能指羽觞，因为当时确在流行羽觞。欧阳修《浣溪沙·灯烬垂花月似霜》词云："双手舞余拖翠袖，一声歌已醋金觞。"这里的金觞恐怕就不是指羽觞，而是泛指酒杯，因为宋代已无羽觞。

在中国各地的考古发现中多有羽觞出土，材质有漆、铜、金、银、玉、陶等。漆、铜、金羽觞多是实用的器物，而陶羽觞是一种随葬用的冥器。漆羽觞出土数量最多，保存得也最完整，茂陵1号陪葬墓1号从葬坑出土六套十二件，纹饰华美，漆工与鎏金皆非常精湛，是研究西汉工艺美术史和酒文化的珍贵实物资料。

汉代羽觞杯出现，应当跟当时喝煮过的酒有关系，当时的酿酒技术还不是蒸馏酒，所以酿造的酒都是用谷物发酵产生，酒的度数比较低，这样的酒单喝可能口感欠佳，如果加点儿水果蜂蜜之类一起煮了喝，味道可能更好。跟羽觞杯同期的青铜篚子就可以发挥这个功能：篚子下方放醪糟水果，上面的液体趁热用勺子舀出来倾在杯子中，如果是碗状酒器，端起来就有点儿烫，羽觞杯恰好解决了这个难题，浅腹可以使酒凉得快，椭圆便于放在口边，双耳可以防止烫手，从造型到实用都是完美的酒器。晚至三国时期，煮酒还是生活的常态，曹操青梅煮酒论英雄！

鎏金漆耳杯及杯座

古时候，农历三月上巳节，人们举行祓禊仪式之后，大家坐在河渠两旁，在上流放置耳杯，耳杯顺流而下，停在谁的面前，谁就取杯饮酒。历史上最著名的一次"曲水流觞"活动要算王羲之与其友在会稽举行的兰亭之会。东晋永和九年（353）上巳节那天，会稽内史王羲之偕亲朋谢安、孙绰等四十二人，相聚会稽山阴（今浙江绍兴）的兰亭，修禊祭祀仪式后，举行曲水流觞的游戏，四十二人饮酒咏诗，所作诗句结成了《兰亭集》，王羲之为该集作《兰亭集序》。从此曲水流觞，咏诗论文，饮酒赏景，历经千年而盛传不衰。

中国酒文化

酒文化作为一种特殊的文化形式，在传统的中国文化中有其独特的地位。在几千年的文明史中，酒几乎渗透到社会生活中的各个领域。首先，中国是一个以农立国的国家，因此一切政治、经济活动都以农业发展为立足点。而中国的酒，绝大多数是以粮食酿造的，酒紧紧依附于农业，成为农业经济的一部分。粮食生产的丰歉是酒业兴衰的晴雨表，各朝代统治者根据粮食的收成情况，通过发布酒禁或开禁，来调节酒的生产，从而确保民食。反过来，酒业的兴衰也反映了农业生产的状况，也是了解历史上天灾人祸的线索之一。在一些局部地区，酒业的繁荣对当地社会生活水平的提高起到了积极作用。酒与社会经济活动是密切相关的。汉武帝时期实行国家对酒的专卖政策以来，从酿酒业收取的专卖费或酒的专税就成了国家财政收入的主要来源之一。酒税收入在历史上还与军费、战争有关，直接关系到国家的生死存亡。在有的朝代，酒税（或酒的专卖收入）还与徭役及其他税赋形式有关。酒的厚利往往又成为国家、商贾富豪及民众争夺的肥肉。不同酒政的更换交替，反映了各阶层力量的对比变化。酒的赐晡令的发布，往往又与朝代变化，帝王更替，及一些重大的皇室活动有关。酒是社会文明的标志，研究社会的文明史，不可不研究酒文化中的杯。

玉玲蝉

人与神之间的联结

西汉（前 206 — 25）

长5.8厘米，宽3.1厘米

1983年陕西兴平市庄头村出土

　　蝉为青白玉，扁平体，头部前端大致呈弧形，嘴角分明，双目斜凸于两侧，中间呈八字形突出，碾琢弧线双翼覆盖蝉体，双翼之间加一条脊线，腹部碾琢斜十字交叉线和若干条弧线纹，来表现蝉腹节具有收缩功能，背脊弧度平整，双翼长而窄。雕琢精准，线条挺拔有力，没有穿眼，故应是玉玲蝉。玉玲蝉是古代含在死者口中的葬玉，因多刻为蝉形，故名。为什么古人要把玉玲做成蝉状？

　　古人认为蝉是非常高洁的。说它只饮一些露水就引吭高歌。再加上它又能从地底下钻出来，变成另外一个模样，所以认为它能够重生，脱胎于

浊秽污垢之外，不沾污泥浊水，非常神奇。死者
嘴里含一个玉蝉，表明他希望重生。

玉琀蝉，是汉代普遍流行的用于丧葬的一个
种类，以为它能为生者避邪，为死者护尸，甚至
食之可以成仙得道。由于当时社会环境的不断改
变，促使玉器的宗教意义为之大增，方士又竭力
提倡玉的神秘和力量，这种思想实际上是人的一
种心理过程，同时不可避免地掺入了包括避邪在
内的封建迷信的内容。因有这些原因的存在，于
是盛行用玉雕琢的具有护符意义的玉琀蝉，即被
看成了一个活生生的实体，成为人与神这两个世
界之间的联结，也就是说，死人含蝉，亦表示其
肉身虽死，但只是外壳脱离尘世，心灵未必死去，
不过作为一种蜕变而已。

玉蝉作葬玉中的口琀，最早见于考古发掘的
河南洛阳中州路 816 号西周早期墓，其后未见流
行，直至汉代才发展成为普遍的习俗并一直持续
到魏晋南北朝时期。汉代玉蝉多用新疆白玉、青
玉雕成。蝉身雕成正菱形，形象简明概括，头翼
腹用粗阴线刻画，寥寥数刀即成。蝉背部双翼左

● 玉琀蝉

右对称，如肺叶状。汉代玉蝉造型规整，变化较少。南北朝时，玉蝉仍沿汉制，此时由于战乱影响，玉料来源困难，玉蝉多数用滑石刻成，细部写实味道加重，同汉代相比显得更为逼真。

汉代玉蝉一般可分为三种：一是冠蝉，用于帽饰，腹部穿眼；二是佩蝉，顶端有对穿眼；三是琀蝉，在死者口中压舌，刀法简单，没有穿眼。汉代玉蝉根据头部的特点可分为平头型和圆头型两类，平头型以西汉早期为多，圆头型多见于东汉，延续使用至魏晋时期。西汉玉蝉继承了战国时期的雕刻技法，布局合理，刀法生动简练，刚劲有力，刀刀见锋。线条以直线为多，有的虽呈弧线，但有两条上下交锋成"八"字形，双翼更为明显，这就是人们所说的"汉八刀"。

蝉在古人的心目中地位很高，向来被视为纯洁、清高、通灵的象征。随着时间的推移，人们又赋予蝉更多的含义。如以一玉蝉佩在腰间，谐音"腰缠（蝉）万贯"，以一蝉伏卧在树叶上，定名为"金枝（'知了'的谐音）玉叶"，也有人将佩挂在胸前的玉蝉取名为"一鸣惊人"（取蝉的鸣叫声）。

猪形玉握
财富及权力的象征

西汉（前206 — 25）

长10.2厘米，高2.9厘米

1971年陕西兴平大阜出土

　　玉握，幼猪形，汉白玉雕琢，玉色纯净。猪作伏卧状，吻部突出，双目圆睁，平视前方，缩颈，前后蹄皆屈收腹下，短尾，尾稍卷起。造型圆润丰满，背部滚圆，形态生动，线刻简洁流畅，表面琢磨精致，光洁明亮。虽说其貌不扬，但其静卧的悠闲，被工匠巧妙地刻画了出来，堪称中国玉器抽象艺术的代表，体现了"汉八刀"工艺的美妙，是研究西汉丧葬制度的实物资料。

　　以玉殓葬是中国古老的丧葬习俗。从先秦以来中国古人就有"事死如事生"的观念，人死是灵魂的升天，墓主人要到另一个世界去继续享乐。到

● 猪形玉握

● 猪形玉握（背面）

　　了汉代，由于社会经济的发达，物质的丰富，这种观念就发展到了极致，形成了以大量玉器入葬的厚葬之风。古人认为人死后不能空手而去，要握着财富及权力。在新石器时代逝者一般握有兽牙，商周时期，逝者手中要握着贝壳，到汉代就演变成猪形玉握。因为汉人认为猪是六畜之首，是财富的象征。

　　"握猪"是汉代最具代表性的葬玉之一，常成对出现，握在死者的手中，其寓意是祈求死者能在冥界和来生拥有丰富的财富。猪的历史要追溯至 4000 万年以前，在被人们发现的化石中证明有像野猪一样的动物穿梭于森林和沼泽之中。猪是原始先民最早驯化养殖的作为家畜的动物。中华民族饲养猪的历史可以追溯到新石器时代早中期。在距今 4000 多年前的浙江余姚河姆渡新石器时代遗址中，就曾经出土过一个外壁两面分别刻画着一只猪的猪纹陶钵，现陈列在浙江省博物馆。据殷墟出土的甲骨文记载，商、周时代已有猪的舍饲。而后随着生产力的发展，逐渐产生了对不同的猪加以区分的要求。汉代随着农业生产的发展，养猪已不仅为了食用，也为了积肥。这一情况促进了养猪方式的变化。汉代以前虽已有舍饲，但直至汉代时止，放牧仍是主要的养猪方式。当时在猪种鉴定上已知猪的生理机能与外部形态的关系，这对汉代选育优良猪种起了很大作用。

　　自古以来先民们把家养的猪看作一个家庭的经济和财富。养猪的多少能证明这个家庭拥有多少财富。在游牧民族的畜牧经济中，猪是一种很难饲养的动物（猪不像牛、羊、狗那样适合游牧迁徙）。从这一点讲，很多讲肉食的字，从"牛"或从"羊"而极少从"豕"是非常好理解的。随着种植业的发展、居住地的稳定（游牧经济渐渐被定居农业经济取代）和猪的驯化，很多和猪有关的字产生出来，"家"字——门中有豕。按中国古文字：大猪为"豕"，小猪为"豚"。"圂"，意思是厕所，即厕所通猪圈。现代中国南方和北方农村仍然能见到人的厕所就是猪圈。

　　从这件汉代猪形玉握上，我们能看到汉玉工艺的一个典型特征：刀法特别简单，呈汉字"八"字状，刀的走势往两边，这就是工艺上常说的"汉八刀"。这是汉代一种琢玉的雕刻技法，但并非使用八刀完成，而是形容其简练豪爽、朴拙流利的治玉风格。通常是用简洁的直、弧线，抽象地表现出作品的形态特征，其特点是每条线条劲挺有力，像用刀切削出来似的。

寥寥数刀，却给玉器注入了饱满的生命力。"汉八刀"是中国玉雕技法中十分有特色的技法，是葬玉文化带来的产物。随着葬玉文化的衰落，这种技法后来也不再采用。后世虽有造假玉的不法之徒加以模仿，但终因脱离了那个时代，缺少神韵，加之作伪者的功力不逮，琢不出那种气势，总要留下许多破绽。"汉八刀"的简洁风格在汉代独树一帜，在中国玉器发展史上占有重要地位，是汉玉断代的一个重要标志。

生肖猪的由来

关于猪当上生肖，民间还有一个传说。传说古时有个员外，家财万贯，良田万顷，只是膝下无子。谁知年近花甲之时，却得了一子。合家欢喜，亲朋共贺，员外更是大张宴席，庆祝后继有人。宴庆之时，一位相士来到孩子面前，见这孩子宽额大脸，耳廓有轮，天庭饱满，又白又胖，便断言这孩子必是大福大贵之人。

这肥胖小子福里生，福里长，自小只知衣来伸手，饭来张口，不习文武，修农事，只是花天酒地，游手好闲，认为命相已定，福贵无比，不必辛苦操劳。哪知这孩子长大成人之后，父母去世，家道衰落，田产典卖，家仆四散。这胖小子仍然继续过着挥金如土的生活，直到最后饿死在房中。这胖小子死后阴魂不散，到阴曹地府的阎王那里告状，说自己天生富贵这相，不能如此惨淡而亡，阎王将这阴魂带到天上玉帝面前，请玉帝公断，玉帝招来人间灶神，问及这位一脸富贵相的人怎么会饿死房中，灶神便将这胖小子不思学业、不务农事、挥霍荒淫的行为一一禀告。玉帝一听大怒，令差官听旨，要胖小子听候发落，玉帝道："你命相虽好，却懒惰成性，今罚你为猪，去吃粗糠"。这段时间恰逢天官在挑选生肖，这天官差官把"吃粗糠"听成了"当生肖"。当即把这胖小子带下人间，从此胖小子成为一头猪，既吃粗糠，又当上了生肖。

玄武纹带钩

两千年前的皮带扣

西汉（前 206 — 25）

长12.8厘米

1981年茂陵第六设计院汉墓出土

玄武纹带钩，青铜质，蛇形钩首，弧形钩体，另一端作龟状。背饰昂头小龟一对，下端有圆钉柱，柱上饰蛙纹，侧视成"S"形，构思巧妙，对研究西汉青铜铸造工艺及汉代人的社会生活习俗具有重要价值。

带钩是古代贵族和文人武士所系腰带的挂钩。其基本形制是下端有钩柄固定于皮带的一头，上端曲首作钩，用以钩挂皮带的另一头，中间有钩体。古代带钩首先是实用品，有关带钩是实用品的文字和实物，历史上都有大量记载，在大量古墓挖掘中也得到印证。带钩一般都被系在主人腰间

● 玄武纹带钩

随葬，白天，它随主人而动，晚上，它伴主人而卧。主人去世，它又是主人必不可少的陪葬品。这充分印证了带钩是人们生活中必不可少的实用品。

　　带钩的称呼由来已久，古时称带钩常用一个"钩"字。河南信阳长台关楚墓出土的楚简就直呼带钩为钩，"一组带，一革，皆有钩。"带钩的全称见于《史记·齐太公世家》："射中小白带钩……桓公中钩佯死，以误管仲。"至于称带钩为"犀比、鲜卑、饰比、犀毗、胥纸"等名称，那是认为带钩用于胡服，带钩又从胡名，其实这一系列的名称所指并非带钩一物，至今仍有争议。带钩之名大致起于东周中期迄于隋唐，基本上伴随了整个带钩在中国历史上的使用时代。

带钩的起源之前考古实物定出的上限是春秋中期，洛阳中州路西工段东周墓葬中出土有铜带钩，细长条形，腹部椭圆，末端较齐平，腹上有二道横直纹，长 4.6 厘米，已是带钩的基本器型。之后，1972 年浙江金星村、1986 年余姚反山遗址中发现了良渚文化的玉带钩，将带钩的起源提前到史前文化时期。带钩的出土地遍布全国 20 多个省区，流行的中心范围是中原、关中地区，即黄河中游地区，北到长城附近，南到两广云贵，河南、陕西、山西一代的周王室王畿和秦晋故地是带钩的故乡。

　　带钩有金、银、铜、铁、玉、石、骨、木各种材质，按其形状有鸭形、棒形、竹节形、琴面形和兽形等，工艺制作上又有错、镂、鎏、嵌、刻之别，今存世量最多的是铜带钩，而春秋战国时期和汉魏时期的铜带钩最能代表带钩的特点。秦和两汉是带钩普及发展的时期，以琵琶形素面为主，钩体变窄；到西汉中晚期，带钩向小型化发展，多在 2 — 8 厘米，超过 10 厘

● 玄武纹带钩

米的就已少见。东汉是历史上带钩分布最广的时代，带钩的大小差别明显，小的仅有 1.1 厘米，大的超过 21.8 厘米。带钩制作精致，纹饰也多，大小不一，以适合不同人物衣着的需要。上至王侯，下至百姓，使用非常普遍，钩身露出部分较多。随着人们审美观念的演进，带钩愈来愈成为一种美化的装饰物，式样变化也愈来愈讲究，以致《淮南子·说林训》称士大夫凑在一起，简直是"满堂之坐，视钩各异，于坏带一也"。满堂之坐，各人的带钩质地、雕刻纹饰都不一样，说明汉代比之先秦，带钩除了实用，还追求时髦了。从新莽到东汉末年带扣兴起，至魏晋南北朝带钩逐渐被带扣所取代，带钩基本上退出了历史舞台。

带钩还涉及中国历史上的一件大事：春秋时期，鲍叔牙和管仲二人是好朋友，彼此相知很深。管仲和挚友鲍叔牙分别做公子纠和公子小白的师傅。齐襄公十二年（前686），齐国动乱，公孙无知杀死齐襄王，自立为君。一年后，公孙无知被杀，齐国一时无君。逃亡在外的公子纠和小白，都力争尽快赶回国内夺取君位。管仲为了使公子纠当上国君，埋伏途中欲射杀小白，不料，箭正好射在小白的铜制衣带钩上。小白装死，在鲍叔牙的协助下抢先回国，登上君位。他就是历史上有名的齐桓公。桓公即位，设法杀死了公子纠，也要杀死射了自己一箭的仇敌管仲。鲍叔牙极力劝阻，指出管仲乃天下奇才，建议桓公为齐国强盛着想，忘掉旧怨，重用管仲。桓公接受了建议，接管仲回国，不久即拜为相，主持政事。齐桓公不记射钩之恨，重用管仲，终于成就了一番霸业。如果不是那枚小小的带钩，人们很难想象齐国乃至春秋的历史会被改写。

其实，带钩的文化意义远远超出其实用价值。《庄子·内篇·逍遥游第一》："窃钩者诛，窃国者为诸侯。"后来演变成成语"窃钩盗国"，讲的是"田氏伐齐"的故事，庄子以带钩之小衬托国家之大来宣扬他的"至德之世"的思想；《庄子·知北游》："于物无视也，非钩无察也。"比喻劝人专心致志做事；《升庵诗话》（明·杨慎）："孔子辞廪邱，终不盗带钩。"赞扬了孔子对待取舍的高行态度；孔子的"瓦注者巧，以钩注者惮，以黄金注者殙。"说出了做事要专心一致，心有顾忌就会分散注意力，分心他顾，思绪必然混乱的道理；魏文帝曹丕《与王朗书》："不爱江汉之珠，而爱巴蜀之钩。此言难得之贵宝，不若易有之贱物。"将贵与贱对比，将难得与易得之物对比，在他看来与其追求很难得的宝物，不如求取容易得到的实用之物。古代先贤论说带钩都是以其小而言，阐述小中见大的道理。可见，带钩与古代人生活息息相关，深深地渗入了中国传统文化的哲理中。

带钩虽小，却是中国传统服饰文化中的重要组成部分，在十分讲究礼仪等级、非礼勿视的中国古代，佩钩是件大事，它反映着佩用者的身份地位，代表着那一时期的摩登和时尚。今人早已不用带钩，存留于世的带钩之所以为人们所关注，不仅因为带钩反映了古人生活的时代轨迹，还因为带钩承载了太多的文化信息，带钩的铸造、形制、工艺、使用以及带钩的故事处处显示出带钩价值的厚重！

蟠螭规矩纹镜

古人心目中的宇宙图式

西汉（前 206 — 25）

直径12.8厘米，缘厚0.3 厘米

1982年陕西兴平窦马村出土

蟠螭规矩纹镜，圆形，伏兽钮，钮外双线方格。四角各饰一圆座乳。四乳间铭文为"愿长相思，久毋见忘"，方篆文。主纹为博局纹间以二叠式草叶纹，两草叶纹间 L 形纹内草叶纹与蟠螭纹相间配置。内向十六连弧纹缘。此铜镜的纹饰应为西汉中晚期流行的蟠螭草叶规矩镜纹饰，制作规整、纹饰精美，从一个侧面向人们昭示了当时铜镜的发展水平，反映了古代能工巧匠的艺术创造力，为我们研究西汉时期人们的物质生活提供了珍贵的实物资料。

规矩镜是汉代流行的铜镜品种，规矩纹指的是规矩镜所采用的纹饰。规矩镜因其铸造雕镂非常精细规矩，镜纹有规则的 T、L、V 形装饰格式而得名，外国学者也称之为 TLV 镜。其程式相当标准，一般均划分镜背而为若干装饰区，从纽座起，以圆纽为中心作为一个单独装饰单位，纽座的外形有圆形、方形、覆斗形几种。紧接着纽座的幅面为内区，是主要花纹的部位。花纹中的 T、L 形，常常是在铜镜内区的四面，对称地排列于主花中，起着穿插作用。再向外为外区，多装饰由卷草纹或鸟兽纹以及几何纹组成的带状图案。最后的外缘区，有全素的，有作简单联弧纹的，也有加饰绳纹、锯齿纹花边的。内外区之间多加饰铭文带。其分成五个区域，布局严谨端正，但机械呆板少变化，给人以千篇一律的感觉。

　　被命名为规矩纹的 T、L、V 图形符号，根据已知的资料，最早出现在河北平山战国时期的中山国王墓中出土的石雕板中。而作为铜镜的装饰图案，则始现于西汉中期的蟠螭纹镜中。尔后，在新莽及其前后时期流行的四神、禽兽或草叶纹镜中，却成了最常见的装饰图案。我国的铜镜研究者通常把规矩纹划分为三种形式：一种是 T、L、V 三种符号齐全的组合，称之为规矩纹。其中较早时期的这类规矩镜中，有极少数的 L、V 形符号之间是饰有铭文的。一种是 T、L、V 三种符号缺少其中之一或之二的，称之为简化规矩纹。一种是 T 和 L、V 三种符号之间以细圈或铭文带间隔的，称之为间隔规矩纹或圈带规矩镜。还有学者说，规矩纹是西汉中、后期叶纹镜的草叶纹变化的产物，从战国到汉代，龙纹、叶纹、草叶纹、四

蟠螭规矩纹镜

神等不同式样的纹饰常结合在一起出现在铜镜上。

　　规矩镜在东汉前期还在流行，但发生了一定变化。这时期的铜镜多在内区主花位置铸造青龙、白虎、朱雀、玄武所谓四神，有的还在纽座边加上十二生肖铭文，或"左龙右虎掌四方，朱雀玄武顺阴阳"的字句，所以也称规矩四神镜。T、L、V实系古代六博的棋局，山东费县曾出土石六博盘，长沙马王堆三号墓曾出土全套博具，其棋局上均有T、L、V纹。规矩镜在汉镜的发展中，是流行时间最长的一种，也是汉镜中最为优秀的一种。

规矩镜的外圆代表着天；中间的方框表示大地；由 T、L、V 形符号组合而成的所谓规矩纹则是维系天地的框架，为古人心目中的宇宙图式；而居于宇宙之中，具有固定方位的青龙、白虎、朱雀、玄武等四神，则是上天二十八宿的化身，又是执掌大地四方之神灵；四神规矩镜中还有"左龙右虎辟不祥，朱雀玄武顺阴阳"之类的铭文，显示出它们能为百姓降福纳吉，带来祥瑞。 T、L、V 六博纹在铜镜上的出现，是西汉至东汉早中期占卜迷信、鬼神思想特别流行于世在铜镜上的一个符号标志。它与同时代的草叶纹、蟠螭纹、四神、神兽等神灵之物共同构成了笼罩在汉代铜镜上的一种特别的神秘氛围。规矩镜在两汉极为流行，也是铜镜中最为博大精深的，有极为深奥的精神、文化内涵。

规和矩，本是匠人常用的两种工具，即画圆所用的别规和画方形或直角的方尺（曲尺）。规和矩发明的确切年代已无法查清，在公元前 15 世纪的甲骨文中，就已有规、矩二字。《史记·夏本纪》则记夏禹治水时，"左准绳，右规矩"，规划出治水方案，说明在夏禹治水的年代就有了规和矩这两种工具了。山东嘉祥县汉武梁祠的石室造像里就有"伏羲氏手执矩，女娲氏手执规"的石刻。"规"和"矩"的出现，表明了人类社会生产技术的进步，体现了建筑房屋和做木制器具方面，"不以规矩，不能成方圆"的准则。规和矩的使用，对于我国古代几何学的发展，有着很重要的意义。规矩在先秦两汉时代极受重视，各种典籍不但提出规矩的几何做图原理，还以物喻意，用以指代行为品格的标准。《淮南子·人间训》认为"仪表规矩，事之制也"。凡是人们的一切行为举动，都应该合乎社会法则。在同书《诠言训》中，讲得更为透彻："未尝闻身治而国乱者也，未尝闻身乱而国治者也。矩不正不可以为方，规不正不可以为圆。身者事之规矩也，未闻枉已而能正人者。"这正是做人的道理。凡事以身作则，而"身"，就是要规规矩矩，做出榜样。我国成语中有句"规行矩步"，意思是人们在社会生活中都应该依照一定的规则行动，也就是守法不越规。

无论何时何地，无时无刻都离不开"规矩"来规范着万物众生，随之逐步演变的礼数，法律也只不过是繁琐复杂的"规矩"，不管满圆、半圆、椭圆……还是正方、长方、魔方……，朗朗乾坤，芸芸众生，万物之形皆源自于"规"和"矩"的方圆之中，甚至玩个游戏也要立"规矩"，从古代的六博游戏棋盘上勾画的"规矩"纹图形看，即是游戏也要遵循在"规矩"中，博局游戏只有在"规"和"矩"制定的格式下，才能体现最为公平的境界。到了汉代，"规"和"矩"的图形不但广为六博棋盘所用，更多地被刻镂铸造在铜镜上，意欲启用"规"和"矩"无所不能的威慑，辟邪恶之不祥，因此带有"规矩"纹图形的铜镜在汉代相当受欢迎，直到如今依旧是许多人，寻寻觅觅想获得一面镌刻着"规矩"纹图形的汉代上品铜镜，使然置于堂屋雅室，或放之办公书斋，以示为人规矩。

铜铺首

汉代的门环

西汉（前206—25）

通长13.5厘米，铺首长6.2厘米，环径7.1厘米
1982年2月12日陕西兴平高店村出土

　　铜铺首，1套2件，保存基本完好。两件铺首为兽面衔环式样，兽面双目突出，双眉作卷涡状，双角上翘内卷，兽面长鼻；鼻下口中衔实心铜环，兽面饰麻点纹、卷纹、三角纹样。做工规整，造型生动，纹饰图案精美。

　　铺首是安装在大门上衔门环的一种底座。中国古时住宅，门上都安门环，外人进宅，必先叩环。叩环发出清脆的金属之声，表明有客人在敲门了，户主闻之，便开门迎客。主人出门，还能把一副门环锁住，十分安全。所以，宫室、豪族、富家门户上的门环，特别讲究，环组一般制作成如龙似虎的兽首形，称之为铺首。铺首多为铜质，也有鎏金，因此铺首又称作金铺、铺首衔环。

● 铜铺首

　　兽面铺首一般都做猛兽怒目状，露齿衔环，于是就将一种威严气象带上大门，成为人们心目中的吉祥物。"兽面衔环辟不祥"这是对铺首的描述，它是含有驱邪意义的传统门饰。门上衔环的环纽，之所以要做成似龙似虎的兽首，除了装饰的需要，还含有紧固门户之意。铺首上最常见的形象是椒图，它是传说中龙的九子之一，形状像螺蚌，性好僻静，有点儿自闭，最反感别人进入它的巢穴。因此，人们把椒图雕刻在铺首上，取其紧闭之意，负责看守门户，镇守邪妖，以求平安。除椒图外，人们还喜欢把饕餮、螭龙、狮、虎等猛兽雕刻在铺首上,以求其能驱邪避祸、镇守宅门。在我国的历史遗迹和人文建筑上,我们都不难看到造型各异的铺首。

关于铺首的最早记载现已难考,但史料和考古均表明,铺首衔环饰于门户,汉代已是极盛,距今已有两千多年的历史。合浦西汉墓出土的铜屋,门上铸有一对门环,大概是我国较早的门环。《三辅黄图》记汉高帝八年(前199)建成的未央宫内"金铺玉户"。在华丽的门扇上,铺首衔环灿灿锃亮。汉代的文学作品中,也对金铺着墨点点。西汉文学家司马相如曾在《长门赋》中歌咏:"挤玉户以撼金铺兮,声噌吰而似钟音。"描写了叩响门环的情形,玉户金铺的视觉效果,和金属碰撞的听觉效果,画面加音响:推开玉饰的宫门,震动得门上的铺首直响,这声响如钟鼓,更似钟铃一般。西汉哲学家杨雄也在《甘泉赋》中写道:"排玉户而飏金铺兮,发兰蕙与穹穷。"意思是说:推开玉饰的宫门,阵风吹动着金铺,也送来花草的芳香。东汉史学家班固在《汉书·哀帝纪》中也写到:"孝元庙殿门铜龟蛇铺首鸣。"说的是汉孝元庙殿门之铺首为龟蛇之形,即四象之北方玄武。同时也说明"铺首"一词至迟在汉代已经出现。

这套铜铺首是西汉时期的,整个造型是一个兽首衔环造型,实际它是一个饕餮纹。那么,铺首是何时产生的呢?有学者推断,铺首起源于商周时期青铜器上的饕餮纹。现存最早的带有铺首的青铜器,是安阳商代墓葬出土的铜方罍,其时代大致属于考古学上的殷墟二期晚段。商代晚期至西周早期,绝大部分青铜罍均有铺首,一般为两个,对称分布于罍的腹部。

西周中期至春秋战国，铺首已广泛应用于壶、罍、簠等青铜器上。壶、罍、簠是商周时期常见的酒器或食器，往往体量较大，一个人抱或两个人抬都不太方便，而在器物两侧各做一个铺首，搬运时，一人提两个衔环或者两人各提一个衔环，既方便又省力。

　　青铜器上的铺首作用是提拉器物，门扉上的铺首作用是敲门或开关门，被用于墓葬门或椁上装饰的铺首，其作用则是避邪镇墓，使死者免受鬼魅侵扰之意。随着时间的推移，铺首的实用价值已经退居其次，彰显身份和地位逐渐成为其最主要的功能。封建社会，铺首的使用有着严格的等级标准和规范要求，据《明史》记载，王府大门的铺首须用兽面铜环；公侯和一二品官家大门的铺首须用兽面锡环；三至五品官家大门的铺首不能有兽面，只能用锡环，六至九品官家大门的铺首不能有兽面，只能用铁环。普通人家的铺首为熟铁制造，大多为圆形、方形或六边形，边缘为花卉、草木、卷云等图案，配以圆形门环或菱形、令箭形、树叶形门坠，既美观大方，又结实耐用。通过铺首的规格和造型，便能确定主人的身份和地位，因此，铺首成为封建社会体现门户等级的重要标志。

　　古人所置器物，所拟形式，用在什么场合，都有一定的理由。或以祁佑，或以兆瑞，绝非随兴之作。虽然，有些理由根据的是种种神话和传说，却也反映了中华民族传统文化的俗尚，反映了古人对生活安宁乐居的一种追求。铺首之所以如此造型奇特，兼容了古老文化的特点和古人安居生活的心态，无疑是具有中国传统文化价值的艺术遗产。

茧形壶

两千多年前的「窃听器」

西汉（前206 — 25）

高24厘米，口径7.5厘米，长径25.5厘米

1958年陕西兴平砖厂汉墓出土

这件茧形壶为泥质灰陶，侈口、盘沿、束颈、茧形腹呈横向长椭圆状，圈足。颈部饰三周阳弦纹，腹上饰三条一组的阴弦纹十三组，圈足上饰一周阳弦纹。纹饰虽简，却也神完气足，给人以古朴、浑厚之感，为汉壶中少见。

茧形壶又俗称"鸭蛋壶"，是战国至秦汉时期流行的一种形状独特的器物，由于其腹部形状特征（正视呈椭圆形，侧视呈圆形）类似于我们常见的蚕茧，因而被考古工作者命为"茧形壶"。《孟子·备穴》对茧形壶

的制造和使用做了详细的说明，即将听瓮埋于地下，在瓮口蒙上一层厚厚的皮革，派听觉灵敏的人伏在瓮口静听传自地下的声音，确切弄清楚地方的方位，以便采取应对措施，这叫"罂听"，而《孟子》对"罂"的记载，可以说是对茧形壶用于战争的最早记录。战国后期，诸侯之间相互称雄争霸，游牧民族也经常趁机入侵，秦人最先创造性地接受了茧形壶，并大量地用于争霸和统一天下的战争，随着秦国的征服，茧形壶的使用也开始流向全国各地。在不断地战争实践中，茧形壶在器形上得到了不断地改进和完善，使其用途不仅仅作为窃听的工具用于战争，而且还作为容器用于生活中，在长距离的行军和游牧中，将士们将茧形壶悬挂于马背，内盛酒水，携带方便，不易溢出，以解旅途饥渴。遇有敌情，将其深埋于地下，将耳朵贴于壶口的地方，用于探听远方骑兵的马蹄声，以此来推测敌军的动向。

茧形壶多为秦、汉之际流行于关中及豫西一带的器皿造型。它不求形体的相似、细节的雕琢，而是取大势，去繁缛，寓巧于拙，有着雄浑豪放的艺术风格。此茧形壶造型浑厚朴实，足见大汉之雄风，真实地反映了西汉时期关中地区社会生产力发展状况，对于研究当地丧葬习俗及其演变提供了重要的参考价值。

茧形壶应是工匠得到了蚕茧的启发而设计的。中国是世界上最早养蚕植桑、缫丝纺织的国家，一直到汉朝，中国都是世界上唯一出产丝绸的地方。我国古代"蚕神献丝"和"嫘祖养蚕"的神话传说，反映了古代生产力低下的情况下，人们主观上的愿望。采桑、养蚕、织布，是我国古代劳动妇

茧形壶

● 茧形壶

女的一项重要的生产活动,是我国古代劳动妇女对世界文明史的重大贡献。

　　大量考古发现表明,在距今5000年前中国人已开始养蚕和用蚕丝纺织了。1926年,在山西省夏县西阴村仰韶文化遗址上,发掘出了年代约5500年前的被刀子切割过的蚕茧(现藏台北故宫博物院);1958年,从浙江湖州(时称吴兴)境内钱山漾文化遗址中发现了用竹筐盛着的距今5000年上下的丝绢残片和人字纹细丝和丝线等;1960年,在山西芮城西王村仰韶文化遗址上,发现了蚕形陶质装饰品;1973年,从浙江余姚河姆渡文化遗址上,出土了一件6000年前的蚕纹盅形雕器;1984年,从河南荥阳青台村仰韶文化遗址上,发现了北方地区最早的蚕丝织品……由此可见，"嫘祖教民育蚕"的传说并非无中生有。作为中国智慧女人的化身，嫘祖到底是谁，其实已不重要。

据史料记载，汉代的养蚕缫丝业达到高峰，大的作坊，均为官府经营，织工多达数千人，丝织品颜色鲜艳，花纹多样，做工极为精致。西汉丝织品不仅畅销国内，而且能途径西亚行销中亚和欧洲，中国通往西域的商路以"丝绸之路"驰名于世界。

传丝公主

这得先从西域说起，这里面还有一个传说——"公主偷蚕种"的故事。当年，西域有一个叫"瞿萨旦那"的国家，对"东国"的养蚕缫丝技术极有兴趣，却一直得不到。瞿萨旦那国王想出一招：通过和亲，迎娶东国公主，让公主带回禁止外传的蚕种。为了逃避关卡，蚕种被秘密地藏到了公主的帽子里。从此，西域开始生产丝绸了。西域即今新疆境内，瞿萨旦那国即古丝绸之路上的于阗国，地处塔里木盆地南沿，今和田地区均为该国所辖。"公主偷蚕种"的传说最早源于赴印度求法的唐僧玄奘口述，《大唐西域记》有其原文。"公主偷蚕种"的故事还被西域人绘成了画。20世纪初，英国人斯坦因曾于阗国故城附近的丹丹乌里克遗址，发现一块描绘这个故事的木版彩画：画版中央绘有一位头戴高冕、正端坐着的盛装贵妇，两个侍女跪于两旁，左边侍女用右手指着贵妇之冕，意思是蚕种藏在帽子里面。

但"公主偷蚕种"发生在何时，"东国"又是指哪个国家，《大唐西域记》并没有给出具体的说法。现代考古发现，西域掌握养蚕缫丝技术应早于传说。1980年，在新疆境内汉代尼雅遗址上发现了一只蚕茧和大量枯桑。尼雅遗址是丝绸之路上的古国之一、汉晋时期"精绝国"的故址，著名的"五星出东方利中国"织锦护臂就是从这处遗址上出土的，尼雅蚕茧的发现无疑将新疆（西域）的养蚕史提前了。根据对近年新疆考古出土物的研究，公元3、4世纪时西域已学会养蚕和缫丝。从先秦时和田玉已大量进入中原的逻辑推断，很可能是民间借当地出产的玉石、通过与中原丝绸互贸实现的。

鸱鸮形陶座

鬼魅精灵

西汉（前206 — 25）

高18.7厘米，宽9厘米
1976年陕西兴平北吴村出土

　　这件鸱鸮形陶座为泥质灰陶，鸱鸮作蹲状，圆眼、尖勾喙，双耳直立，头向右侧，屈膝，尾部着地，身体两侧刻画出双翅。合模制成，形象生动逼真。工匠抓住了鸱鸮尖勾喙、两爪一尾构成稳定的特点，既以双腿和下垂的尾部作为支点，又丝毫不损害器物的整体和谐之美。通观其物，鸱鸮双目圆睁，双翅垂展，傲视环顾，威武雄壮，堪称汉代雕塑的上乘之作。

　　鸱鸮，俗名猫头鹰，古称鸮、鸱、枭、鸱鸺、服鸟等，古老传说中是一种嗅觉特别灵敏的食腐动物，当其闻到死人所散发出的腐臭气息时，便

鸱鸮形陶座

会在上空飞旋鸣叫，因此被一度视为凶鸟并遭到厌恶。《诗经·鸱鸮》云"鸱鸮，鸱鸮，既坏我子，无毁我室"，这是我国最早视鸱鸮为恶鸟的文字记载。

其实，鸱鸮在古今中外并非全是恶的化身。比如，古希腊神话中有个智慧女神叫雅典娜，据说她的爱鸟就是鸱鸮。因此，古希腊人把猫头鹰尊敬为雅典娜和智慧的象征。在古希腊鸱鸮之所以被认为是"智慧"的象征，据说是因为鸱鸮经常保持思考的表情。暗夜里，人们沉睡的时候，却孤独地站在树枝上沉思，总结着白天的一切，偶尔发出几声非凡的叫唤，令人惊怵，令人警醒。它的双眼不像其他鸟类那样生在头部两侧，而是长在正前方；眼的四周羽毛呈放射状，形成"面盘"；喙和爪子呈钩状，暗示着潜藏的力量。它视野开阔、目光警觉而敏锐，那深不可测的眼神，似乎可以看穿世上的一切阴谋和潜在的危机。

在我国，从仰韶文化至汉代的几千年间，鸱鸮始终作为一种非常神圣的动物。远在新石器时代，生活在黄河、长江流域的先民就已经开始模仿鸟的形状来制造陶尊。东周时期，古人已经开始铸造鸟形陶尊，根据《大戴礼·五帝德》记载，三皇五帝之一的帝喾，就曾"化为峻鸟，其状如鸱"。殷人崇拜鸱鸮，甲骨文或金文中多有出现，青铜器及其纹饰，鸱鸮的形象也出现得非常多，如妇好墓出土的青铜鸱鸮尊等。有的研究者甚至认为，商族族源神话"天命玄鸟，降而生商"中的"玄鸟"实际上就是商人祖先神的化身——鸱鸮神。甲骨文中发现的"商"字，即为鸱鸮锐目所构成。如此，殷商大量出现鸱鸮类礼器的现象就不难理解了。西周已降，鸱鸮的形象逐渐减少，这可能与周灭商有关。

秦汉以后，鸱枭便成为邪恶的象征，甚至成为不忠不孝的万恶之首。《说文》说"枭，不孝鸟也，（冬）至日捕枭磔之"。西汉文学家贾谊任长沙太傅时，因枭鸟入屋，认为恶兆临头，更是挥笔写下了著名的《鸟赋》一文。既然汉代人认为鸱枭是恶鸟，是不祥之物，但为什么又把器物做成鸱枭形呢？这些器物究竟是做什么用的呢？鸱枭作为雕塑品受不祥之物的恶名同样不能放在家中作陈设品用，所以其用途就是明器，是专门用来作随葬品的。鸱枭俑随葬习俗最早出现于西汉早期，西汉中期较为流行，西汉中晚期至东汉初年消失。一般认为，汉代随葬鸱枭俑，一方面体现了两汉浓厚的伦理与玄学。在汉代人的心目中鸱枭是凶鸟，是长大食母的不孝之鸟，人人恶见其形，恶闻其声，汉代以孝治天下，忠孝是当时人们所奉行的重要准则，以之随葬既是汉人奉行孝道的一种鲜活表现，同时如同做枭灸、枭羹祭黄帝一样，体现了欲灭其族、摒弃灾难的祈愿与祝福；二者认为，鸱枭性情凶猛，长相丑陋，且昼伏夜出，随葬在幽冥的墓室中，当有镇墓辟邪、守卫墓主灵魂之功能，应该是驱除邪魔、保佑墓主人灵魂的精灵之鸟；再者认为，以枭俑随葬也可能与事死如生、祭祀奉食的思想有关。《史记·武帝本纪》引如淳注："汉使东郡送枭，五月五日为枭羹以赐百官。以恶鸟，故食之"。这条文献可知当时的人们尽管非常厌恶枭这种不祥鸟，但作为食物也是较为常见的，那么以枭随葬也有为墓主灵魂提供食物的含义。

这件鸱枭俑，其头顶有一圆形插孔，应是汉人插蜡烛的底座。蜡烛出现于汉朝，《西京杂记》中记载，西汉初年，南越王向汉高祖刘邦敬献了石蜜 5 斛、蜜烛 200 枚等，汉高祖大喜。研究表明，其中的蜜烛便是我们现代蜡烛的雏形，在当时还是属于进贡品。韩愈在《寒食》中写道"日暮汉宫传蜡烛，轻烟散入五侯家"，寒食节禁火的时候，帝王要给侯爵以上的官员、上品官员赏赐蜡烛，这说明蜡烛那会儿极为稀少，属于珍品。

蜡烛的贵族身份在南北朝稍微降低了一些，但也主要应用在上层社会，除了王公大臣，只要家里有钱还是能享受到的，但让普通百姓家照明使用还是天方夜谭。唐朝也有文献记载，古晋州（今河北省境内）给朝廷上贡的贡品中有蜡烛。唐皇帝们对宫廷蜡烛很重视，设置专人管理。到了宋朝，蜡烛出现在和西夏的边境贸易中，作为对外交换的一种商品，说明当时用得已经较为普遍了，但还是比较珍贵的。明清鼎盛时期，对外交流进一步增加，老百姓才有机会用上蜡烛。

黄釉陶背猴

加官晋爵的象征

西汉（前206 — 25）

高7厘米

1986年咸阳市渭城区汉高祖刘邦长陵北发现

西汉黄釉陶背猴系泥质灰陶，通体施黄釉，整体造型为三只猴的结合体，一母猴怀抱一小猴，又背负一小猴，母猴伸颈曲背，口微张开，目视前方，所背之猴，仰面朝天，怀抱之猴口微闭，神态自然，造型独特生动，蹲姿，作瞭望状，神情机警传神，体现母猴沉着稳健、很有抱负的样子，小猴塑造得更加质朴自然、栩栩如生，活灵活现，充满生活气息。

猴子是自然界中最接近人类的动物，与人类同属哺乳动物中最高级的灵长类。它轻灵敏慧，惹人喜爱，曾被当作原始图腾，古人视猴子为吉祥

黄釉陶背猴

物。猴之吉祥在于它与"侯"同音。侯是古代爵位，《礼记》云：王者之禄爵，公、侯、伯、子、男凡五等。古人希望升官封侯，猴便成了象征升迁的吉祥物，为此，人们还创造了许多吉祥图案，例如猴子骑在马身上称作"马上封侯"，猴提金印挂于树上称作"封侯挂印"，母猴负子则为"辈辈封侯"等。这些图案常见于古代官府屏、壁之上，也见于画稿、文具、玉雕。古书上说"狙，养马者厩中畜之，能辟马病。"新中国成立之前，我国西南地区云贵高原上的行商，驱赶马帮长途贩运时，也常携一猴同行。据说，猴对骡马的疾病很敏感，常能帮人发现病马，以防瘟疫扩散，住店之前先让猴子嗅一遍，无疫情方安置马匹。于是，民间也有猴能避马瘟之说，猴也得了"避马瘟"之别号。

在我国民俗文化中，猴被喜爱和尊崇的程度非常高。由于"猴"与"侯"同音，而侯为中国古代的爵位之一，人们渴望加官封侯，官运亨通，于是赋予猴一种吉祥、富贵的象征意义。更有意思的是，猴子通人性，智商明显高于一般兽类，竟然有入朝为官的，而且还忠勇有加。张岱《夜航船》"弄猴"条："唐昭宗播迁，随驾有弄猴，能随班起居。昭宗赐以绯袍，号供奉。罗隐诗'何如学取孙供奉，一笑君王便著绯'是也。朱温篡位，取猴，令殿下起居。猴子望见全忠，径趋而前，跳跃奋击，遂被杀。"

早在汉代，各类陶制猴工艺品就已在民间出现，唐代洛阳有小型三彩釉母子猴，宋代禹州有青釉瓷猴，明清时期各种彩釉瓷猴更为多见。山东"三勿猴石雕"也是一件有名的工艺品，三只猴子形态各异，一只掩嘴，一只捂耳，一只蒙眼，实际上是委婉地劝告做官之人要尊崇儒术，恪守官箴，"非礼勿言，非礼勿听，非礼勿视"，才能拜官封侯，富贵长久。

在我国的一些少数民族地区，至今还尊猴为"祖神"。藏族古称吐蕃，先民以猴为祖图腾。据《唐书》《资治通鉴》记载，吐蕃人自古就有"纹猴面"的习俗。藏族古籍《西藏天统记》中有关于先祖系猕猴所变的神话。至今，在藏族庆典的"跳神"仪式中，仍保留着头戴猴土面具的舞蹈。

汉族居住的广大中原地区，崇猴、敬猴的习俗十分浓厚，最典型的如在河南淮阳每年农历二月二至三月三的人祖伏羲朝拜庙会上，大量出售一种叫"人祖猴"的泥塑玩具，造型犹如一尊神，头戴冠冕，威严庄重；猴体下部皆绘有女阴生殖符号，被当地人尊崇为人类始祖偶像。豫北浚县大山上，除有巨型泥塑彩绘生肖猴神像外，所有寺院的石雕栏柱上均有不同造型的石猴，每年一度的正月古会上又出售大量泥猴玩具，尊称"灵猴"。南阳盆地方城的小顶山，每年农历三月三有古会，会上出售一种石雕"小石猴"，当地俗称"好时候"（谐音），尊为吉祥物。南阳伏牛山一带山林茂密，多猕猴出没，当地人供奉猴神；南阳镇平的玉雕饰品中亦多猴子造型，取"平安护身、多子丰产"的吉兆。民间则更多木制"猴子耍刀"、"猴子爬杆"等玩具；为图一个好兆头，以猴为题材的吉祥画、剪纸、雕刻、工艺品等大行其道。

宋代易元吉擅画猿猴，形象写实，系工笔风格。到了明清时代，猴子骑马看着飞蜂的画很常见，表示"马上封侯"。近代以来，画家画猴的逐渐多了起来，岭南派画家高奇峰以工笔加水墨画猴，齐白石大写意技法画猴，王梦白近乎小写意画猴等等。常见的猴画内容有：一只猴爬在枫树上挂印，表示"封侯挂印"；一只毛猴骑着一匹骏马行走，表示"马上封侯"；一只猴子骑在另一只猴子的背上（"背"与"辈"同音），表示"辈辈封侯"；九只猴子攀牵或坐在一棵松树中，表示"延年益寿""富贵长久""子孙个个封侯"等；一个大猴身上爬着五只小猴，表示"五子登科全为侯"。剪纸图案为一只猴子屈蹲在桃树上，猴子两只手臂弯伸在耳朵两侧，宛如一对蝙蝠形状（"蝠"与"福"同音），寓意"福寿双全"。猴桃瑞寿剪纸图案，则表示吉祥如意。

传说猴能保佑小孩平安，孩子长大以后精明能干，所以山西、陕西等地的农家炕头上，常有一个用青石雕刻的小石猴，专门用来拴六七个月刚学爬行的幼儿。过去三门峡、陕县一带古渡口，在木船靠岸系绳的木桩顶端都雕有一只神采奕奕的猴子，煞有介事地坐着，似在东张西望。这是因为孙猴子水性好，能潜入东海大闹龙宫，敬它

● 黄釉陶背猴

可以保驾护航，人船平安。过去渭南地区的许多拴马桩的顶端都雕成石猴（如同古人在马厩梁上雕猴画猴一样），这是可以辟邪的"弼（避）马瘟"形象，能够确保牛马健康成长，为人们带来滚滚财富。

自中国先秦时代开始，已有君主赐封侯爵，是周朝封建五等爵中的第二等。《礼记·王制》："王者之制禄爵，公侯伯子男，凡五等。"周朝诸侯国中侯爵国有鲁国、齐国、陈国等。秦代、汉代使用的二十等爵制度内，侯爵作为非宗室人员可封的最高爵位，分成两等，即列侯（彻侯）、关内侯。列侯（彻侯）以一县为食邑，并得以自置吏于封地；关内侯有食邑、封户，只能衣租食税。唐朝、宋朝有县侯；明、清朝有侯爵，分三等，侯爵可以世袭。猴与侯谐音，古人制作猴背猴、猴抱猴的艺术形象，寓意辈辈封侯，有期望子子孙孙富贵永远的含义。茂陵博物馆馆藏的这件汉代黄釉陶背猴对研究西汉陶塑工艺、汉代人的审美观念和猴文化史具有重要意义。

西汉（前 206 — 25）

长9.0厘米，高9.5厘米

1974年兴平县南位乡道常村王凤生捐献

　　绿釉陶塑胡人骑马俑为一胡人骑马的形象，骑马者头戴小帽，鼻梁高挺，胡人特征明显，人的面部和马头均冲前方，通体施绿釉。它将马背上的人与驼骑的马表现得惟妙惟肖，马与人的比例较为夸张，马头大且刻画细腻，四肢较短，足部留釉。

　　自汉代以来，狭义上的西域是指玉门关、阳关以西，葱岭即今帕米尔高原以东，巴尔喀什湖以东、南及新疆广大地区；而广义的西域则是指凡是通过狭义西域所能到达的地区，包括亚洲中、西部地区等。到了后来西域演变为我国西部地区的含义，所以今天的青海、西藏也属于西域的范围。

汉武帝执政时期，为了联络大月氏人共同夹击匈奴，决定招募使者出使西域，渴望为国建功立业的张骞毅然应募。公元前138年，张骞带着百余名随从自长安西行，在途中被匈奴人捉住，扣留了16年。他不忘使命，设法逃脱，转辗大月氏返回长安，向汉武帝报告了西域的见闻，以及他们想和汉朝往来的愿望。公元前119年，张骞率领使团第二次出使西域，他们带着上万头牛羊和大量丝绸访问西域的许多国家，西域各国也派使节回访长安，汉朝和西域的交往日趋频繁。公元前60年，西汉设立西域都护，总管西域事务。从此，今新疆地区开始隶属西汉中央管辖，成为中国不可分割的一部分。

汉武帝两次派遣张骞出使西域，最终促使形成了有名的"丝绸之路"。丝绸之路是历史上横贯欧亚大陆的贸易交通线，是一条商贸之路，在历史上有力地促进了欧亚非各国和中国的友好往来。中国是丝绸的故乡，在经由这条路线进行的贸易中，中国输出的商品以丝绸最具代表性。19世纪下半期，德国地理学家李希霍芬就将这条陆上交通路线称为"丝绸之路"。张骞通西域后，正式开通了这条从中国通往欧、非大陆的陆路通道。这条道路，由西汉都城长安出发，经过河西走廊，然后分为两条路线：一条由阳关，经鄯善，沿昆仑山北麓西行，过莎车，西逾葱岭，出大月氏，至安息，西通犁靬（jiān，今埃及亚历山大），或由大月氏南入身毒；另一条出玉门关，经车师前国，沿天山南麓西行，出疏勒，西逾葱岭，过大宛，

绿釉骑马胡人俑

至康居、奄蔡（西汉时游牧于康居西北即咸海、里海北部草原，东汉时属康居）。广义的丝绸之路指从上古开始陆续形成的，遍及欧亚大陆甚至包括北非、东非在内的长途商业贸易和文化交流线路的总称。

虽然丝绸之路是沿线各国共同促进经贸发展的产物，但很多人认为，中国的张骞两次通西域，开辟了中外交流的新纪元，并成功地将东西方之间最后的珠帘掀开。从此，这条路线被作为"国道"踩了出来，各国使者、商人沿着张骞开通的道路来往络绎不绝，这条东西通路，将中原、西域与阿拉伯、波斯湾紧密联系在一起。经过几个世纪的不断努力，丝绸之路向西伸展到了地中海一带。

这件胡人骑马俑使用陶泥制作，通体施绿釉，制作精巧。这里有必要来谈一谈究竟何为"釉陶"，釉陶即指在普通陶器上施釉。釉陶上的釉和瓷器上的釉有本质差别，它是一种含铅量很高的低温釉，一般只需要700至900摄氏度就可以烧成。由于在普通瓦器上施釉，所以它的使用范围十分宽广，真实而深刻地表现出汉代人生活的历史面貌。

● 绿釉骑马胡人俑

釉陶大约出现在战国中期，北方中原地区经济文化工艺最为发达，制陶工艺有深厚的基础，战国中期以后遭到战争的破坏，釉陶生产停顿。汉朝建立后，经过一段时间的休养生息，釉陶又在中原、关中地区发展起来。根据考古资料统计，公元前2世纪至公元前1世纪的武帝至宣帝期间，釉陶产量仍然不多。从西汉末年至东汉初年，釉陶生产数量增加，壶、罐生产较多，还增加了樽、盒、勺、碗、盘、杯（羽觞）等。汉代中期以后是釉陶工艺迅速发展的时代，除大量生产各类生活用具外，还生产出反映庄园经济的猪圈、鸡笼和相关动物形象，反映豪强大族的高门甲第、坞堡建筑、住宅庭园等。东汉末年，豪强武装集团之间的战争愈演愈烈，加上饥荒、瘟疫、干旱、水涝等自然灾害，北方经济遭到极大破坏，釉陶生产受到严重影响，逐渐衰落下去。汉代釉陶的釉色十分复杂，目前所出土绿釉陶器数量最多，有浅绿、深绿、翠绿、黄绿等色。黄釉陶器也很多，有浅黄褐釉、深黄褐釉、赭褐釉、黑褐釉。战国至汉代早期以黄褐釉为主。黄色釉的呈色剂为铁的氧化物，这类物质容易取得。汉宣帝到王莽时期就有了黄色、赭色、绿色、褐色的复色釉。大约从汉成帝时期开始，绿釉陶器多了起来，东汉时期绿釉陶器始终占多数，绿色釉的呈色剂为铅的氧化物。以前古董界所谓的一种银釉陶器，其实就是在绿釉陶上出现一层银白色的光亮层，是绿釉表面的沉积物引起的。绿釉主要呈色剂是铜的氧化物，在还原火焰焙烧下釉色呈绿色，但配釉的原料成分很复杂，除铜以外有铅、硅、铝、镁、钙、铁及微量元素银、钛等物质，在地下水的浸泡和腐蚀下，这些物质游离出来附着在釉层表面，附着的层次多少不一，有的能达到 20 多层。这些沉积物能发出银色光泽，层次越多银光越强，但并不是用银作主要呈色剂，银的氧化物是黑色。汉代釉陶艺术是中国实现大一统之后第一个文化高潮的产物，它的气魄宏伟，造型端庄，线条简洁，强调实用，其莹润明亮的釉层，华美的釉色则是它所独有的，把历代优美的生活用具结构和本时代的需要融为一体，制作出富有时代气息的新器形，青铜器、漆器的各种造型如樽、羽觞、奁、熊形灯、浮雕狩猎纹壶等都制做得敦实端庄，没有丝毫轻飘之感。这件汉绿釉骑马胡人俑是汉代先民运用陶塑手段塑造出来的，无论是对人物精神状态还是对马的刻画都很生动，这件艺术作品使泥土富有了生命，看上去朝气蓬勃，栩栩如生。这件胡人骑马俑是两千年前汉民族与西域少数民族经济、文化交流的见证，是研究汉代制陶工艺、社会历史的形象资料，是珍贵的艺术品，具有很高的科学、艺术价值。

希腊文铅币

中西方往来的信物

西汉（前206—25）

直径5.4厘米，厚0.2厘米
1980年兴平县南位乡策村董明礼捐献

　　这件西汉希腊文铅币质地为铅质，平面呈圆形，正面中央凸起，形似水涡纹，又似蟠螭纹，背面凹陷，周围铸有一圈外国文字，据专家鉴定，它应是古希腊文。

　　在国内，类似这件希腊文铅币的还有不少。1961年，我国已故考古专家夏鼐认为中国历史博物馆收藏的有外文铜币类似铅饼，面文是古希腊文字的错写，应该是安息"德拉克麦"钱币的古希腊文，（"德拉克麦"是古希腊铸币的一种，后来希腊化国家和安息均沿用）是古希腊铸造钱币，并依此推断是希腊化的中亚西亚某些国家的货币，是随汉代商人一起流入中国的。1988年，北京大学林梅村先生依据铅饼有古希腊化文字，认为是"贵霜遗物"。更有学者进一步推测，是大夏仿汉代金币所铸造的和汉代交易的专用货币。1991年，中国历史博物馆研究员朱活在他编著的《古钱新典》里，就陕西姜嫄、甘肃灵台出土的铅饼，依据既有古希腊文字，又有佉卢

希腊文铅币

文（古印度文字），认定是天竺铸币（天竺也称身毒，即古印度）在东汉桓、灵帝时期传入中国的，也可能是希腊所铸造的铅币，被安息（古伊朗）所沿用。1999 年 10 月陕西宝鸡市常兴镇出土的铅饼，出土时和四铢半两钱、方形马纹铅饼、椭圆形龟纹铅饼一起，并参照汉武帝时期"白金三品"的记载，有学者认为是汉代铸造的流通货币"白金三品"。

司马迁在《币源论》中说："虞夏之币，金为三品，或黄，或白，或赤；或钱，或布，或刀，或龟贝。"据此记载，汉代币制银锡之属不能作为货币流通，是器物上的装饰部件，不过可以作为宝物进行收藏。

班固在《货币论》中说："……秦兼天下，币为二等，黄金以镒名，上币；铜钱质如周钱，文曰半两，重如其文，而珠玉龟贝银锡之属为器饰宝藏，不为币。汉兴，以为秦钱太重、难以流通使用，更令民间铸荚钱，黄金一斤。"班固的意思和司马迁基本一样，自汉代以来，由于秦钱重，使用起来比较困难，变更让民间铸榆荚钱。

司马迁、班固二位先哲皆以治学严谨著称于世，且《史记》《汉书》是公认的史学宝典。所以，其记载应该是不会有错的。他们的记载，向我们传达了两重意思：一是汉代有银锡之属不能为币的规定；二是银锡之属可以作为器物的装饰，在当时来说它们都是十分珍贵的器物，可以珍藏。

由以上史料可以看出，认为铅饼是"白金三品"的看法是没有理论依据的，在汉代对于金银铜铁锡的分工是十分清楚的，并且各种材质都有专门的管理机构，"白金三品"材料就是金，至于为什么是白色的，这个问题有待证实和商榷，但可以肯定地说，它绝对不会是铅质。这也排除了私铸的可能，银锡之属是宝贝，那时铅和银锡一样都是稀有之物，不太可能使用宝贝去铸造几十文钱。那么，也不可能是希腊化国家和古印度铸造的钱币，既然是希腊化国家铸造的钱币，那么在其铸造国，不可能一枚也没有发现，也不可能没有一点儿记载，更不可能仿汉代金币样式，加盖上汉代中国的图章而在另一个国度屡屡出土，其形状也不符合希腊化国家和古印度同一时期相类似的货币。

西汉时期，汉武帝实施怀远策略，封疆出使，加强了各族人民大融合，各国使团及贸易伙伴络绎与中原驿道，当时，最佳运输工具就是驼队。驼队的缺陷就是自重太大，加上辎重，可以想象，要长距离移动，那可是相当困难的一件事。由西汉都城长安出发，最大障碍就是渭河，渭河蜿蜒交替，靠狭小的渡船来完成交叉河运是费时费力的。所以，他们选择驿道的旱路分支来避开阻碍，沿途晓行夜宿，有遗存是情理之中的事情，出土的地域也恰巧证明了这一点。这足以证明，这种铅饼是与外贸有关的信物。在对外贸易过程中，我们常见的一个问题就是各国的货币不尽相同，零支靠什么来维系呢？今天，我们采用外汇券以及美元作为公共货币，然后使用公共货币兑换成所在国的等值货币。在外贸还不发达的汉代，是靠什么来完成这一过程的？大概铅饼就是这一过程的替代物，铅饼上的外文字母就是外籍商人们认知的标识，这就解释了为什么既有古希腊文字，又有古印度文字的问题；汉代国人家喻户晓的是印文，（汉代印章的使用相当广泛，小到黔首百姓使用的陶簋釜罐等日常器皿，中到驿道传件文书官凭，大到皇权下诏，金库宝藏，都有印章使用的痕迹遗存）所以再加上一两方印信，作为国人认知的标识，这也证明了为什么有中国制式的印章的问题；仅一种面值不可能满足流通的需求，就铸造一种方形虎纹图案和椭圆形龟纹图案的铅饼作为辅助（中国货币历来以重量和外形区分币值大小），由外形看一目了然；在流通过程中，辅币不能满足找零的需求，就铸造一些铅质半两、大泉五十之类补充（因为小额的接触者都是最下层人士，所以引用现行币值容易让他们识值），这既可让大众认知又可区分使用。

在当时的情况下，正是铅饼充当了外汇券一样的角色，因为它不是常用货币，所以遗存就相对稀少，这也就解释了为什么在我国只出土于古驿道周围和出土量相对稀少的问题。因为是汉王朝铸造发行的，所以它和我国其他钱币一样，仅出土于我国，在国外自然没有发现或者偶有发现也就不足为奇了。

铅饼作为汉代铸造的对外贸易的信物，其理由充足：一是符合汉代币制，不是货币，稀有珍贵；二是有大、中、小等各种形状，以区分其所代表的面值，符合汉代钱币铸造发行的惯例；三是它基本和汉代金饼形制一致，有汉代特征（蟠龙图案、印章）；四是它虽然不是货币，但是与对外贸易有关。

希腊文铅币是丝绸之路开通后，中国与西方政治、经济交流日益频繁的信物，研究希腊文铅饼对阐发丝路货币史、中西交通史等都具有十分重要的意义。

「日利千万」陶扑满

西汉的储钱罐

西汉（前 206 — 25）

高10.3厘米，腹径12.7厘米，底径6.2厘米

1983年陕西兴平道常村出土

扑满为泥质灰陶，短颈，斜肩，鼓腹斜收，平底。罐口为一长 3.2 厘米，宽 0.7 厘米长方形窄长投钱孔，"日利千万" 四字以戳记形式压印于孔的两侧，阳文隶书，略参篆意，竖读。肩上部近颈处模印锯齿纹一周，下部单、双线阳弦纹之间模印一周双重回纹间圆圈纹。

"扑满"为古代先民储钱的一种瓦器，也叫 "缿"（xiàng）。

为储存之便，用陶做一个瓦罐，上开一条能放进铜钱的狭缝，有散铜钱即投入其中，急用钱或钱罐装满之后，破罐取之。扑满出现于我国古代圆钱产生以后。圆钱出现于战国，但不见该期的扑满实物。扑满最早的记载文字，

见于司马迁所著的《史记》中。它还有许多别称，如：悭囊、闷葫芦、储钱罐。

　　由于扑满有进孔而无出孔，要想取出蓄币，必须"满则扑之"，因此出土、传世之器较少。据目前资料可知，有明确出土地点、时代的西汉陶扑满并不是太多。河南博物馆馆藏 3 件陶扑满；山东沂水县出土 8 件陶扑满；河南洛阳烧沟 84 号西汉墓出土 1 件；广东广州太元岗 3021 号汉墓出土 1 件；西安汉长安城遗址出土 1 件扑满，腹下有一小孔，顶有窄长投钱口，口两侧为"日利千万"凸文装饰，余素面无纹；1995 年咸阳市秦都区马泉镇第二针织厂西汉墓出土 1 件彩绘陶扑满，口部均有意打破。茂陵博物馆收

● "日利千万"铭文拓片　　　　　　　　● 陶扑满存钱孔

藏的这件扑满器形完整，与洛阳烧沟西汉墓、西安汉长安城遗址出土的扑满相比较，其形制基本相同，确系西汉时期。

　　何以把陶制钱罐谓为"扑满"，这里有一典故：汉武帝时的丞相公孙弘，年少时家贫，放过猪，当过狱吏，但刻苦向学，孜孜不倦，近70岁时方入九卿之列，74岁升为丞相，官居极品。6年之后，病死于任上。刚入官道时，他的老乡邹长倩送他一个扑满，并在赠词中说："……扑满者，以土为器，以蓄钱，具有入窍而无出窍，满则扑之。土，粗物也，钱，重货也。入而不出，积而不散，故扑之。士有聚敛而不能散者，将有扑满之败，而不可诚与？故赠君扑满一枚。"公孙弘深记老乡邹长倩的话，在以后的岁月里，一直保持勤俭的本色，盖布被，食粗粮。所余的钱，用来在相府设东阁客馆，招纳贤才，以推荐给皇帝选用。所以，他不因聚敛钱财，招至"满则扑之"的大祸，平平安安度过了他的一生。据此可知，早在汉武帝刘彻元光五年（前130）已有扑满。

　　古人之散财，大约同今人行慈善事业之意相仿，邹长倩对公孙弘的赠言可谓用心良苦，他向友人讲了两个做人的道理：一是钱财虽贵用但不可只聚不散，只进不出，否则必遭"扑满"之败（即遭"碎身"之祸）；二是无论如何显贵，金如山，珠如海，也要日积月累，积储节俭，方可成大器，方作大用。

宋元之后，随着纸币的出现，"扑满"逐渐减少，但并未消失，古代勤俭节约的风尚一直流传至今。

扑满也常被诗人携入诗中，或增添浓郁的生活气息，亦被引申出新的含义。宋代诗人范成大在《催租行》中写道："床头悭囊大如拳，扑破正有三百钱"，从中可见劳动人民生活的困苦。陆游则以此设喻，说明过度地聚敛钱财必会招致灾祸："钱能祸扑满，酒不负鸱夷。"诗僧齐已写过一篇《扑满子》的咏物诗。诗中说，扑满子"只爱满我腹，争知满害身，到头须扑破，却散与他人"。齐已和尚的诗，名曰咏物，实则讥人。

当年满洲八旗入关以后，一些试图"驱逐鞑虏"的志士们便以互赠钱罐的方式激励彼此的斗志。南社爱国诗人苏曼殊，在清光绪二十九年（1903）由日本到达苏州，当时苏曼殊曾画过《扑满图》扇面一页赠包笑天。这幅图是一语双关，扑满者，扑灭清朝也，寓藏着强烈的民族革命意识，想来却也是寓意无穷。

茂陵博物馆收藏的这件陶扑满，表现了汉代人们对现实生活的美好愿望和期盼以及对未来的憧憬，是一件珍贵的铭刻吉语器，为研究汉代的物质文化史和生活习俗提供了详细的实物资料。

五铢钱

中国古代长寿钱

西汉（前 206 — 25）

直径2.5厘米，穿径1厘米

2016年陕西兴平来祁寨村出土

　　这枚五铢钱，青铜质，圆形方孔，小篆书，光背，正背面轮廓具备。"五"字交笔缓曲，"铢"字的"朱"头呈方折型，"金"字头较小，仿佛如一箭镞。钱文篆书严谨规整，字体修长清晰，笔画略粗。五铢钱主要通行于西汉中晚期，均为方孔圆形，一般面背均有外郭，有的兼有内、外郭，钱面方穿左右铸有"五铢"2字。这一时期五铢钱可分为武帝五铢、宣帝五铢，小五铢，剪轮五铢等。武帝五铢经历一个先劣后良的过程，先后有郡国五铢（又叫元狩五铢）、赤仄五铢、上林三官五铢三种。这枚五铢钱应为上林三官五铢。

　　西汉建立后没有建立统一的币制，允许郡国诸侯王国和私人自由铸钱，因而，各种钱币杂行于市，大小不一，轻重不等。市场物价紊乱，国家的财政管理也不方便。为了解决这个问题，汉武帝从禁止私人铸钱入手，然后由国家统一铸造新钱币。公元前 119 年（元狩四年），以鹿皮造皮币，以银锡合金造白金币三种，改半两钱为三铢钱。次年，因三铢钱太轻，由郡国更铸五铢钱。五铢钱的形制都有一定的规定，钱文"五铢"从此启用。但郡国铸钱往往给商人盗铸钱留下可乘之机，所以在公元前 113 年（元鼎四年）又解除了郡国铸钱的权力，由京师的上林三官即钟官（掌铸钱）、辨铜（掌原料）、均输（掌制范）专门负责铸钱等事宜，并在当年把所有的旧币全部销毁，铸造了新的五铢钱，从此钱币归于统一。五铢钱铸工精美，以一当一，由于私人仿制费铜费工，无利可图，民间盗铸绝迹。五铢钱轻重适中，合乎古代的社会经济发展状况与价格水平对货币单位的要求，因而在汉武帝以后的西汉、东汉、蜀、魏、晋、南齐、梁、陈、北魏、隋均有过铸造，是我国历史上铸行数量最多、时间最长最为成功的长寿钱。从武帝元狩五年（前 118）起至平帝元始中，共铸五铢钱 280 亿枚。西汉五铢钱成为人民经济生活中不可缺少的部分。

汉五铢钱的开铸，是中国货币发展史上又一次重大改革，对中国货币文化的发展具有重大意义。它严重打击了郡国豪强巨商等地方分裂势力，扭转了国家财政困难局面，获得"民不益赋而国家用饶"的巨大成效；而铜币铸造权收归中央、币制的统一则使西汉初年以来长期存在的币值不稳、货币流通紊乱的问题得以解决并建立起五铢钱制度。这一统一健全的货币制度的建立又转而促进了社会经济的发展，以及封建中央集权国家的统一

五铢钱（正面）

五铢钱（背面）

和巩固。同时也开创了钱币体制的新阶段。元狩五铢继承了秦半两的形制，确立圆形方孔、内外有廓，并发展成为轻重大小适度的铜质钱币。自汉武帝元狩五年始到唐武德四年（621），五铢钱流通739年，形成了中国货币史上的五铢钱形制时期。再次肯定了王朝集中铸币权集中统一的重要性。在统一国家的条件下，才能实行集中统一铸造货币，用以稳定币值，促进经济发展。

圆形方孔铜钱，从秦统一全国币制到清末改行机制铜币，在我国使用时间以长达两千多年。方孔圆钱的前身是战国时期的圜钱。后来人们就称钱为"孔方兄"，又称"孔方""家兄"，古人把一百来个半成品铜钱串在一根棍子上修锉外沿，圆棍穿钱，修锉时来回转动，方棍穿钱，就避免了这些麻烦，于是铜钱中间有了方孔。钱为何称"兄"？钱字由"金、戈、戈"组成，"戈""哥"音同，于是"称兄道弟"。

相传当初铸造货币时，是加进了孔老夫子的理念。孔夫子认为做人要正直、规矩、原则，并提出了"方正君子"的思想，所以铜钱就被铸成外圆内方之状。意思是做生意的人虽然外表不得不圆滑，但内心则一定要方正，即遵守道德。于是，孔方兄不仅成为对钱最形象生动的称呼，而且还寓意了深刻的人生哲理和做人的理念。当然，更重要的还在于孔方兄把中国人，尤其是读书人面对金钱欲罢不能、欲说还休的心态从称呼中淋漓尽致地表现了出来。它成为不喊出"钱"字来的钱中最巧妙而又抬举人格的代名词，足见中国文化之深厚。

五铢钱相关知识

剪轮"五铢"是指周郭被剪去或磨去或錾切掉的五铢钱，或称"磨郭五铢"、"錾边五铢"。剪磨的多少不等，有的仅磨去郭的一部分，有的则刚好把郭全部磨去，有的还能看到"金"字头，有的只剩下"朱"字。其边缘圆滑光洁，颇像是铸成的，重量最轻的仅1.2克。而五铢钱被錾去钱心后所剩边环，则被称为"綖环五铢"。錾切的目的，是一枚钱当两枚钱用。长期以来，人们把"剪轮五铢"和"綖环五铢"当作是六朝经济混乱的产物，但汉墓中却大量出土剪轮半两、剪轮五铢、剪轮货泉，说明汉时已出现这种现象。这种剪轮五铢可能不是西汉所铸五铢钱一种规定形制，而是世人取铜而磨损的毁钱现象。小"五铢"，钱径仅1.2厘米，制作规整，形似宣帝五铢，字体与宣帝五铢完全相同，俗称"鸡目五铢"或"鹅眼钱"，因其形小而得名。过去曾误以为此种钱是王莽钱或董卓钱或是沈郎钱，1956年西安汉长安城遗址发现小五铢钱与宣帝五铢钱范同出，知此钱为宣帝时所铸。另如"公式女钱"，是一种无外轮的五铢钱，因属官铸，是谓"公式"，因其轻小薄弱，故称"女钱"。到了东汉和帝时期，"五铢"质量则只有2—3克、东汉末灵帝时有了四出五铢，即方孔的四角突出，碰到了钱的外轮。历代收藏家喜收当时误铸、戏制的传形五铢（五铢两字倒排）、叠字五铢（五五、铢铢）、舍背五铢（两面有字，或两面无字）。另有作为压胜钱的吉语、图案、人名五铢。五铢钱是我国古代很有影响的一种货币，存世较多。与后代方孔圆钱比较，五铢钱方孔较大，字体较大，外轮较狭，文字较峻深。

『日入千金，长毋相忘』佩钱

压胜钱的前身

西汉（前 206 — 25）

通长4.7厘米，钱径2.4厘米
1974年3月陕西兴平市南位镇井王村出土

　　西汉吉语佩钱，在全国发现较少，各钱币专著中未见著录。此钱为青铜质，通长 4.7 厘米，重 5 克。钱由三部分组成，最上部为一方形穿孔，孔长 0.7 厘米，宽 0.4 厘米；中部为圆形方孔钱体，钱径 2.4 厘米，宽 1 厘米，有内外廓；下方为一大圆环，环径 1.5 厘米。钱体正背均饰有文字，正面文字为隶书"日入千金"，间饰以四星，顺时针旋读。背文篆书"长毋相忘"，亦间饰四星，顺时针旋读。从该钱造型看，主要是属于随身佩带系挂所用的吉语钱，即类似我们今天所用的"平安符"。

从钱文内容看，正文的隶书"日入千金"字体规整，刚直挺拔。背文的篆书"长毋相忘"字体方折，刚柔相济。钱面布局匀称得体，疏朗有致。在汉代金文中最引人注目的是汉篆方面的篆隶结合方法。将篆隶互相结合，在结合中用多少篆和多少隶的成分在汉代并没有严格的设置制度，皆出于作者的喜好。但从全国出土的青铜文物资料可以看出基本分为三大类：一类以篆为主体，略参隶意；二类是篆隶并重，不分主辅；三类以隶为主体，篆略次之。茂陵佩钱属篆隶并重，确系汉代无疑。

"日入千金"是西汉的吉语，除此以外还有二字吉语"上林""延年"；四字"与天无极""富贵未央""长乐未央""甘泉上林""君宜侯王""宜官大吉""宜子保孙"以及"得泉财益富贵宜牛羊"等，这些吉语除在钱文中可见，在汉代的钱范、瓦当中亦有见到。"长毋相忘"吉语发现最多的是在汉代铭文铜镜中。四川成都、

"日入千金、长毋相忘"佩钱（正面）

山西太原、山东临沂、陕西西安、咸阳的汉墓中出土的草叶纹镜有铭文"长相思，毋相忘，常富贵，乐未央"；"愿长相思，久毋相忘"；"见日之光，长毋相忘"；"长毋相忘，长乐未央"。

西汉中期，汉武帝"罢黜百家，独尊儒术"的思想日益渗透到人们的观念中，儒学宣扬的道德节操与现世图景共置一处，形成一个想象丰富、情感热烈而粗豪的浪漫世界。一幅幅极具现实的图景在生活中展开。茂陵陵邑出土的吉语佩钱正是汉代繁荣富强、充满活力对世间生活的全面关注和肯定，也是对这种幸福生活的美好希望和延续。从钱文我们不难想象，两千多年前的一天，一位妻子或友人与即将远行的亲人互道珍重后将此枚吉语佩钱互赠的场景，这小小的"平安符"里包含着对未来财运的希冀，对亲人的牵挂、思念、叮嘱。这与唐人白居易《琵琶行》中描绘的"商人重利轻别离，前月浮梁买茶去"

的情景形成鲜明对比。

"日入千金，长毋相忘"佩钱因其外圆内方，带有吉语钱文，被认为是后来厌胜钱的前身，其不参与货币流通，主要功能是供人们馈赠、纪念、祈福等，以此来表达良好的祝愿。此钱保存完好，制作精美，意境深邃，为研究汉代的民俗风情提供了宝贵的实物资料。

厌胜钱是一种具有吉祥或者厌胜文字图案的，用于佩戴、赏玩、趋吉避凶的一种特殊的非流通钱币。厌胜钱一词最早出现于北宋时期的著作《宣和博古图》中。厌胜法的"厌"读作 yà，《说文解字》中说："厌，笮也，令人作压"，因此"厌胜钱"又被称为"压胜钱"。

厌胜钱产生于汉代，它的产生与两汉时期盛行厌胜思想与巫术有关，厌胜思想是一种试图通过诅咒巫术来制服他人的思想行为，汉武帝、王莽等古代帝王的推崇，使厌胜思想达到了高峰。同时，古人认为钱能通神，而将钱币神化，又符合天圆地方的宇宙观。因此，在这种社会环境下，形成了古代厌胜思想与钱币形式相结合的形式—厌胜钱。

厌胜钱自汉以来即有铸造。早在魏晋南北朝时，每当官廷内有祭典活动，都要专门铸造一批厌胜钱，悬挂在宫灯下。明、清时已逐步形成一种惯例，每朝新皇帝登基，均造一批精美的厌胜钱。这种习俗逐入民间，相习成俗。它不仅反映人们祈求太平盛世的美好愿望，而且常烙有当时的时代印迹，甚至在太平天国农民起义中，亦被用作秘密联络的接头标志。

早期厌胜钱从用途上主要分为吉语、撒帐和厌胜三类。后期，厌胜钱

逐步又增加了宗教、娱乐、趋吉避凶、伦理教化等用途。厌胜钱属于古代钱币范畴，钱币虽是锱铢小器，但亦如青铜器、书画和陶瓷一样，有其自身的文物价值，是不可再生资源。厌胜钱大都铸工精湛，文字优美，图案丰富，具有浓郁的传统风格。厌胜钱上面的图案大多反映了当时的社会风俗、精神理念、宗教信仰，有很深的文化内涵，是研究古代社会民俗文化的窗口。

四神纹空心砖

固磊四方

西汉（前206 — 25）

朱雀纹空心砖长114.5厘米，宽36厘米

玄武纹空心砖长117.5 厘米，宽37.5厘米

青龙纹空心砖长64.7厘米，宽38.1厘米

白虎纹空心砖长45.5厘米，宽13.8厘米

　　汉代流行以"四神"表示方位和阴阳五行之属性，遗留至今的出土文物如瓦当、铺首、空心砖上经常可以见到"四神"形象。"四神"也称"四灵兽"，即青龙、白虎、朱雀、玄武，分别代表东、西、南、北与木、金、火、水的概念，并与天象二十八星宿以及八卦方位中的震☳、兑☱、离☲、坎☵四方相对应，是对人类赖以生存的环境空间多种信息的综合归纳，是一种形象而生动的标志。

朱雀空心砖

朱雀纹饰的空心砖呈长方体，中空，泥质灰陶，正面和上侧面模印一对背向朱雀，朱雀昂首羽冠，尖嘴含丹，呈信步缓行状，尾部有两朵叶状羽毛，两雀尾部之间的砖上边缘向下垂一桃形花苞，枝干的左右有两个叶片。此空心砖一般与玄武空心砖、青龙空心砖、白虎空心砖成组配套使用，多用于宫殿建筑的室外台沿、踏步，也可用于筑砌室内墙壁。

朱雀，又被称作朱鸟，是中国古代神话传说中的南方之神。它还有一名，即《经籍纂诂》释"雀"引《诗文王序》所说："赤雀，凤凰之雏。"从这里我们知道朱雀似乎就是凤凰，其实并非如此。凤凰也是传说中的鸟，它的形象在《山海经》中有记载："雄曰凤，雌曰凰，出丹凤山，形似仙鹤，鸡喙人目，蛇颈燕额，龟背鱼尾，身被五彩，鸣中五音，非梧不栖，非竹实不食，太平则见，世乱则隐。"朱雀是传统文化中的四象之一，《三辅黄图》中所谓的"天之四灵"之一。从殷商时代开始它就是代表炎帝与南方七宿的神兽，而五行学说开始兴起之后，它的象征含义又多了丙丁与夏季。很多人将其认为是凤凰或是凤凰的一种，但实际上朱雀与凤凰存在极大的不同，且作为天之四灵与四方星宿之一的朱雀比凤凰更加尊贵。凤凰是神兽之称，而朱雀是星宿之称，一个有实体，一个无实体。凤凰的形象是综合多种鸟类的形状结合演变而来，而朱雀则直接由天星变化而来，是中国远古先民对星宿的崇拜而产生的神话形象。

朱雀纹画像砖的构图采用左右对称形式，中间以华芝界开，以优美的

● 朱雀纹空心砖

流线组成画面，富丽而妙曼，颇具升腾的韵律，也有很强的装饰意味，但它又是十分严谨的理念构想表达，把柳八、星七、张六、翼二十二等星位乃至阙丘等数位皆寓于画面之内，整体排列呈现离火之状，使画面具有深邃丰厚的内涵，也具有无穷的艺术魅力，引人遐想。

玄武空心砖

玄武纹饰的空心砖呈长方体，中空，泥质灰陶，正面和上侧面模印玄武图案（龟蛇）及草叶纹，其质地坚密，纹饰清晰精美，表明西汉时期砖饰艺术与空心砖的制造工艺已达到相当高的水平，具有明显的时代特色，是研究汉代建筑艺术的珍贵资料。此空心砖一般与朱雀空心砖、青龙空心砖、白虎空心砖成组配套使用，多用于宫殿建筑的室外台沿、踏步，也可用于筑砌室内墙壁。

玄武是由龟和蛇组合而成的一种灵物，其本义是玄冥的意思，玄即黑，冥即阴。武、冥古音是相通的。玄冥起初是对龟卜的形容，龟背是黑色的，龟卜就是请龟到冥间去诣问祖先，将答案带回来，以卜兆的形式显示给世人看。因此，最早的玄武就是乌龟。以后，玄冥的含义不断地扩大。龟生活在江河湖海（包括海龟）之中，因而玄冥成了水神；乌龟长寿，因而玄冥又成了长生不老的象征；最初的冥间在北方，殷商的甲骨占卜即"其卜必北向"，所以玄冥又成了北方之神。

《礼记·曲礼》上载有"前朱雀而后玄武，左青龙而右白虎"的名称，

● 玄武纹空心砖

其中的玄武处于"太微宫天极星"之北方，按古代宫室坐北朝南的惯例，它的位置在北面，也就是后方。《史记·天官书》称"北宫黑帝叶光纪之神"四季中的节令司冬，五行属水，八卦方位为"坎☵"。玄武是星空二十八宿中北方七宿"斗（斗木獬）、牛（牛金牛）、女（女土蝠）、虚（虚日鼠）、危（危月燕）、室（室火猪）、壁（壁水貐）"的综合象形，为"四神"或"四灵兽"之一。北方七宿也叫玄武七宿。《尚书》中说："四方皆有七宿，可成一形，东方成龙形，西方成虎形，皆首南而尾北，南方成鸟形，北方成龟形，皆西首而东尾。"这里，"玄武"乃龟蛇两种动物交合而成，古人以为水的属性外柔内刚，而生命是由水生化生育之妙，故以玄武这种形象来表达。茂陵博物馆收藏的这一西汉玄武画像砖，形态非常生动，线条优美流畅，画面构图以左右对称的方式，画了两个玄武图形，相对而视，其布局和朱雀画的章法基本相似，这种形式在汉代"四神"画像中是极为罕见的。龟、蛇口中含有藻叶，画中的水草也有飘动的感觉，仿佛水在潺缓流动，显得自然而富有生气。

青龙空心砖

青龙纹饰的空心砖呈长方体，泥质灰陶，正面、背面、侧面皆以凸线纹构成形状为龙的图形，龙做爬行状，有背鳍与腹鳍，双耳双角，身上有鳞片纹样，尾梢如鳍状，画面配以流云纹，形象生动。此空心砖一般与朱雀空心砖、玄武空心砖、白虎空心砖成组配套使用，多用于宫殿建筑的室外台沿、踏步，也可用于筑砌室内墙壁。

　　古天象学是集天文、律历、气象、节令以及方位、地域等宇宙万象的综合观测，为中华悠久的汉民族传统文化重要组成部分，"在天成象"即其观念之一。汉代人认为天上的星宿与大地上的一切事物均有相应的关联，各星宿所在位置对应着地上一定的方向、地域或季节，天文学中的二十八星宿按其"四正方向"（东、西、南、北）称为"四神"或"四灵兽"。青龙是其中之一，乃东方七宿的象征，东方七宿也叫青龙七宿，它首南尾北，也称作苍龙。《史记·天官书》中有"东宫苍帝，其精为龙"的记载，"苍"与"青"在当时是相同的概念，就如同"青天"称为"苍穹"一样。苍帝神名"灵威仰"，是中宫黄帝左边的守护神，并认为苍帝行的春令，在春季，大自然风和日暖，春风化雨，五谷生长，这些都是春之神赐给人间的幸福，所以青龙可谓充满了生机，象征着"吉祥如意"。另外，龙能行雨，腾云驾雾，变化无穷，在五行（金、木、水、火、土）中属性为木，因而古代先民赋予它以仁慈的属性，在建筑物上常常描绘出青龙的形象，这也是上述观念的形象化表达。

　　汉武帝茂陵附近发现的这块青龙画像砖上的纹饰图案，是一幅难得见到的西汉时期龙的形象，由此可以看出龙形在演变过程中较早时期的状貌。其造型风格与秦咸阳宫遗址所出土壁画上的青龙画像十分接近，且更为妖娇多姿，线条明快劲健如若屈铁盘丝，规范隽永，令人赏心悦目。一般来说，"天龙"头上有尺木，腋下有辅翼，为爪三指，与"地龙"在形状上

● 青龙纹空心砖

● 白虎纹空心砖

稍微有点区别。此砖对研究西汉建筑材料的制作工艺以及汉代人的审美观念具有重要价值。

白虎空心砖

西汉白虎纹空心砖呈长方体，泥质灰陶，模制而成，刀法简洁，虎身上阴线纹的运用，使虎显得皮毛丰满而富有生气。此空心砖一般与朱雀空心砖、玄武空心砖、青龙空心砖成组配套使用，多用于宫殿建筑的室外台沿、踏步，也可用于筑砌室内墙壁。

在中国古代四神兽中，"虎"常常跟龙相提并论，如有成语叫"龙盘虎踞""龙争虎斗"等。虎为百兽之长，山林之王，是一种身体斑纹华丽而神态威严的猛兽。它的威猛和传说中降服鬼魅的能力，使得它也变成了属性为阳的神兽。在古人心目中，老虎是一种十分可怕的动物，但它又有令人敬仰的一面。在一些古籍中，如东汉应劭的《风俗通义·祀典》："画虎于门，鬼不敢入"，"虎者，阳物，百兽之长也，能执抟挫锐，噬食鬼魅。今人卒得恶遇，烧虎皮饮之，击其爪，亦能辟恶，此其验也。"

虎的形象与青龙、朱雀、玄武一起被古人应用在天文学领域。人们把二十八宿中位于西方的七宿布列的形式概括为虎形，作为"四神"之一的西方之神。白虎，即"白兽"，是抽象的天宇西边的守护神，名为"西方白昭矩之神"，在五行中属性为金，在一年四季中所司的是秋天的节令，其性情威猛刚烈，为中宫天极星的右护卫，首南尾北与青龙分别夹峙东西。

古人在建筑物和旗帜上常常描绘白虎的形象，他们认为白虎具有避邪、禳灾、祈丰及惩恶扬善等多种神力，从而借此以求得平安的保障。这一画像砖是在汉武帝茂陵附近发现的，它清晰地表现了西汉时白虎的造型，姿态生动威猛，虎视眈眈，活泼而有精神，其艺术风格高洁朴实，线条简洁而有金石之刚度，神采古雅而有韵味，俨然一只神采斑斓之猛虎，并有一种凛然不可侵犯的沉静气质。在古代民俗观念中，白虎为令人敬畏避忌的神明，带有秋天的萧瑟之气，所以被认为有驱邪的功效，此画像砖的画面也表现出了这种抽象的意态。

从以上对"四神"的简要说明可以看出，四神的画像，到了西汉时候，已完全从星宿构象的结构方式，演化为生动具体的动物形状，龙腾虎跃，鸟飞龟藏，具备了性格上的特征。汉代人把二十八宿的布列状态由抽象的概括创立为十分具体的有机物象组合，一种动物包含七座星宿，各星宿又分别在动物身体上占据固定部位，并比拟这只动物的性格属性、方位、四季、颜色、刚柔，使前后左右以及环绕拱卫的顺序井然可见，这种生动美丽的动物画，表达了一种极为错综复杂的天文现象和古人心目中的五行观念，成为流传久远的固定模式。

西汉的"四神"图案综合了先秦时期有关天象模拟的许多内容，完成了比较统一全面的式样和布列格局，使二十八宿在"四神"身上有其相对应的位置，成为以后更为细微和丰富的形象演变的开端。